JOSÉ CARLOS PEREIRA

Em oração com
Maria

Reflexões para cada dia do mês

Paulinas

Dados Internacionais de Catalogação na Publicação (CIP)
(Câmara Brasileira do Livro, SP, Brasil)

Pereira, José Carlos
  Em oração com Maria : reflexões para cada dia do mês / José Carlos Pereira. – São Paulo : Paulinas, 2015. – (Coleção um mês com)

  ISBN 978-85-356-3886-8

  1. Maria, Virgem, Santa - Meditações 2. Orações I. Título. II. Série.

15-01015   CDD-232.91

Índice para catálogo sistemático:
1. Maria, Mãe de Deus : Devoção : Cristianismo   232.91

1ª edição – 2015
5ª reimpressão – 2024

Direção-geral: Bernadete Boff
Editores responsáveis: Vera Ivanise Bombonatto e Antonio Francisco Lelo
Copidesque: Ana Cecilia Mari
Coordenação de revisão: Marina Mendonça
Revisão: Equipe Paulinas
Gerente de produção: Felício Calegaro Neto
Projeto gráfico: Manuel Rebelato Miramontes

Nenhuma parte desta obra poderá ser reproduzida ou transmitida por qualquer forma e/ou quaisquer meios (eletrônico ou mecânico, incluindo fotocópia e gravação) ou arquivada em qualquer sistema ou banco de dados sem permissão escrita da Editora. Direitos reservados.

Cadastre-se e receba nossas informações
paulinas.com.br
Telemarketing e SAC: 0800-7010081

Paulinas
Rua Dona Inácia Uchoa, 62
04110-020 – São Paulo – SP (Brasil)
📞 (11) 2125-3500
✉ editora@paulinas.com.br

© Pia Sociedade Filhas de São Paulo – São Paulo, 2015

*Todos os apóstolos tinham os mesmos sentimentos
e eram assíduos na oração, junto com algumas mulheres,
entre as quais Maria, mãe de Jesus, e com os irmãos de Jesus.*

At 1,14

Com Maria seguimos os passos de Jesus

A oração é fundamental em nossa vida. É o nosso "combustível". Quem descuida da oração, enfraquece espiritualmente e pode perder o ardor missionário e o compromisso com a vida. Assim sendo, propomos aqui um roteiro mensal de oração com Maria. Junto com Maria, seguimos os passos de Jesus e dos discípulos, aprendendo com eles a sermos também discípulos missionários dele.

Os textos bíblicos aqui propostos buscam seguir os passos de Maria, desde as profecias, no Antigo Testamento, passando pela anunciação, seu sim a Deus e o nascimento de Jesus. Após o nascimento, observamos Maria que acompanha seu Filho na apresentação, na perda e no encontro dele no Templo. Depois, Maria que o segue na sua vida pública, nas alegrias e tristezas, nas glórias e nas dores, até chegar aos pés da cruz. Em outro momento, essa mesma Maria que o toma nos braços, que o sepulta e que assume a humanidade como filha. Maria que acompanha os discípulos nas primeiras comunidades cristãs. Maria que deixa um legado de discípula missionária do Filho Jesus.

Assim, este é um roteiro de orações para todos os dias do mês, com todas as fases da vida de Maria. Cada dia traz um tema, um texto bíblico relacionado à Maria, ou sobre a mulher na Bíblia, uma curta reflexão, uma oração e um compromisso. São textos curtos, porém intensos, os quais conduzem a um profundo momento de oração, seja individualmente, em comunidade, ou, ainda, em família. Sugerimos aqui o método da *lectio divina*, ou leitura orante, porque esse método ajuda a aprofundar na oração e a extrair daí algo que sirva para a vida. A leitura orante consiste em cinco passos básicos: leitura, meditação, oração, contemplação e ação.

No primeiro passo o método sugere que se leia o texto bíblico proposto com a convicção de que é Deus que fala. Depois, numa atitude de interiorização e despojamento, silenciar-se para ouvir Deus, que fala através do texto lido, e perguntar: Qual a mensagem que esse texto me transmite? Dispense algum tempo para descobrir o que o texto quer lhe revelar.

O segundo passo consiste em meditar o texto lido, é o momento de refletir, ruminar, aprofundar o texto. Sugerimos aqui que sejam repetidas as palavras mais significativas do texto, ou as que chamaram mais a atenção. Outra sugestão é memorizar o texto e repeti-lo de olhos fechados, pausadamente, meditando cada palavra ou frase do texto. Durante esse momento de meditação, procure perguntar: Qual a mensagem que o texto me transmite? Ou, se a oração estiver sendo feita com mais pessoas, perguntar: Qual a mensagem que o texto nos transmite? Depois desse momento de meditação, leia a reflexão proposta no roteiro e medite sobre ela. Caso a oração esteja sendo feita em grupo, uma pessoa pode ler em voz alta a meditação e, em seguida, todos discutem algum tempo sobre ela, ligando-a ao texto lido e acrescentando outros elementos.

O terceiro passo é o momento da oração propriamente dita. É quando a pessoa, ou o grupo, irá rezar com base em tudo o que foi lido, meditado, refletido e partilhado. Nesse momento, é hora de conversar com Deus e buscar responder as interpelações que o texto provocou, como, por exemplo, atitude de adoração, de louvor, de agradecimento, de pedido de perdão etc. Pode-se fazer a seguinte pergunta: O que esse texto me faz dizer a Deus? Se estiver sozinho, busque encontrar a resposta através de uma atitude orante. Se estiver em grupo, medite e ore individualmente, em silêncio, e depois cada pessoa pode partilhar o que rezou, bem como a resposta que encontrou para a pergunta proposta. Antes de passar para o quarto passo, reze a oração proposta no roteiro.

O quarto passo é o ápice da oração. É o momento da contemplação, ou seja, de contemplar Deus face a face, através dos passos dados. É o momento de mergulhar no mistério de Deus, saboreá-lo, ver a realidade com os olhos de Deus, enxergar Deus através do texto e das reflexões feitas. A essa altura da oração você já estará tomado por Deus e conseguirá enxergá-lo com mais facilidade. Assim, abastecido por Deus, veja o quinto e último passo, a ser dado após esse momento de oração.

O quinto passo é a ação, o gesto concreto. Indicamos para cada dia um compromisso. Esse compromisso não deve ser visto como algo isolado, feito apenas num momento, e sim despertar o compromisso com a oração, ligando-a à ação, pois toda oração se completa na ação. Caso tenha dificuldade de realizar o compromisso sugerido, busque outra forma de colocar isso em prática, de modo que a oração não seja desvinculada da ação.

Que esse roteiro possa ajudá-lo na sua vida de oração, tendo como companheira Maria, a Mãe de Jesus, que nos ensina a estarmos em sintonia com Deus.

1 Maria, sinal de Deus

O Senhor Deus falou de novo a Acaz, dizendo: "Pede para você um sinal ao Senhor Deus, nas profundezas da morada dos mortos ou na sublimidade das alturas". Acaz respondeu: "Não vou pedir! Não vou tentar o Senhor Deus!". Disse-lhe o Senhor Deus: "Escute, herdeiro de Davi, será que não basta a vocês cansarem a paciência dos homens? Precisam cansar também a paciência do próprio Deus? Pois saibam que o Senhor Deus lhes dará um sinal: A jovem concebeu e dará à luz um filho, e o chamará pelo nome de Emanuel. Ele vai comer coalhada e mel, até que aprenda a rejeitar o mal e escolher o bem. Mas, antes que o menino aprenda a rejeitar o mal e escolher o bem, a terra desses dois reis que lhe estão causando medo será arrasada. O Senhor Deus há de trazer para você, para o seu povo e para toda a família do seu pai dias de felicidade como nunca houve desde o dia em que Efraim se separou de Judá" (Isaías 7,10-17).

Meditação

A profecia de Isaías traz um sinal vindo das alturas: a jovem que concebeu e que deu à luz um filho, e ele é o Emanuel, que significa "Deus conosco". Ou seja, a partir do nascimento de Jesus, vindo ao mundo através de Maria, Deus está sempre conosco. Maria possibilitou que Deus estivesse sempre ao nosso lado, assim predisse a profecia de Isaías que vemos no texto anterior. Desse modo, não temos por que temer. Quem tem Deus na sua vida, quem percebe a presença dele, sente-se também fortalecido, encorajado. Foi isso que Maria sentiu quando se colocou à disposição de Deus, num voto de profunda confiança naquele que iria fazer dela a Mãe do Salvador, realizando as profecias.

Que o exemplo de Maria nos fortaleça; que não precisemos mais de nenhum sinal do céu, pois nos basta a presença de Cristo, o Emanuel, o Deus conosco. Quem crê que Deus está consigo, não precisa de outros sinais. Ele, Jesus, é o maior sinal. Portanto, não cansemos a Deus com pedidos de milagres ou sinais, pois ele já nos deu seu sinal supremo, Jesus. Confie nele e nada tema. "O Senhor está convosco", disse o anjo a Maria. Esse anúncio também deve ecoar nos nossos ouvidos: Deus está conosco.

Oração contemplativa

V. O Anjo do Senhor anunciou a Maria.

R. E ela concebeu do Espírito Santo.

Ave, Maria...

V. Eis a serva do Senhor.

R. Faça-se em mim segundo a vossa Palavra.

Ave, Maria...

V. E o Verbo divino se fez carne.

R. E habitou no meio de nós.

Ave, Maria...

V. Rogai por nós, Santa Mãe de Deus,

R. Para que sejamos dignos das promessas de Cristo.

Oremos.

Infundi, Senhor, como vos pedimos, a vossa graça na nossa alma, para que nós, que pela anunciação do anjo conhecemos a encarnação de Cristo, vosso Filho, pela sua paixão e morte na cruz, sejamos conduzidos à glória da ressurreição. Por nosso Senhor Jesus Cristo, vosso Filho, que é Deus convosco, na unidade do Espírito Santo.

Glória... (3x)

Gesto concreto

Faça algum gesto de solidariedade em favor de alguém. Os gestos de solidariedade são epifânicos, eles costumam revelar Deus. Quem realiza boas ações mostra que está com Deus.

2 Maria, instrumento da luz de Deus

O Senhor Deus disse: "Você, Belém de Éfrata, tão pequena entre as principais cidades de Judá! É de você que sairá para mim aquele que há de ser o rei de Israel! A origem dele é antiga, desde tempos remotos. Pois Deus os entrega só até que a mãe dê à luz, e o resto dos irmãos volte aos israelitas. De pé, ele governará com a própria força do Senhor, com a majestade do nome do Senhor, seu Deus. E habitarão tranquilos, pois ele estenderá o seu poder até as extremidades da terra. Ele próprio será a paz. Se a Assíria invadir o nosso território e quiser pisar o interior de nossos palácios, poremos em luta contra eles sete pastores e oito comandantes. Eles vão governar a Assíria com espada, a terra de Nemrod com punhal. Ele nos livrará da Assíria, se invadirem o nosso território, se atravessarem nossas fronteiras. O resto de Jacó estará no meio de povos numerosos, como o orvalho que vem de Javé ou a chuva sobre a grama verde. Eles não colocam sua esperança no ser humano, nem dependem do homem" (Miqueias 5,1-6).

Meditação

O profeta Miqueias anuncia que da pequena Belém sairá aquele que haverá de ser chefe de Israel e que governará o mundo com justiça. Alguém de origem antiga, ou seja, escolhido antes de todos os tempos, mas que viria ao mundo como qualquer ser humano, nascido de uma mulher, de uma mãe que daria a luz. Ou seja, o profeta anuncia o nascimento daquele que viria trazer a paz ao mundo, governando-o com a própria força de Deus e com a majestade do nome de Deus, e que chegaria para nós através de Maria, a Mãe que daria luz ao mundo. Ele estenderia seu poder até as extremidades da terra, e Maria seria reconhecida por esse feito maravilhoso. "Ele próprio será a paz", diz o profeta, ou seja, em outras palavras, o próprio Deus. Todas essas características são atribuídas ao Messias, o Cristo de Deus, Jesus, o qual Maria portou no seu ventre.

Assim, essa leitura, lida comumente às vésperas do Natal (no quarto domingo do Advento, ano C), lembra que a profecia se cumpriu. Portanto, ao celebrar o Natal do Senhor, nós vemos em Jesus todas essas características anunciadas pelo profeta, e vemos como Deus é misericordioso, como ele nos ama e como nos surpreende com seu amor. Ele olha para os pequenos, como olhou para a humildade de sua serva, Maria, e também para aqueles a quem ninguém dá valor e os transforma, como fez com a pequenina Belém, e com a pequenina Maria e com os pequenos Isabel e Zacarias. Transformou Belém na cidade mais visível do mundo, escolhendo-a para ser o lugar onde seu Filho nasceria. Transformou Maria naquela a quem doravante todas as gerações felicitariam; transformou um casal de idosos, Isabel e Zacarias, nos pais do precursor do seu Filho Jesus, o profeta João Batista. Conhecemos, assim, um Deus que olha para a humildade de seus servos e os torna grandes.

Oração contemplativa

Ó Deus, que nos surpreendeis constantemente com vosso amor, fazei que possamos também surpreender nossos irmãos e irmãs com gestos de amor, bondade e misericórdia, tocando seus corações para que se convertam cada vez mais ao amor revelado através de Maria e do vosso Filho Jesus. Por Cristo, nosso Senhor. Amém.

Gesto concreto

Visite um lugar onde haja pobreza, como, por exemplo, uma família da periferia ou de áreas esquecidas, ou ainda moradores de rua, e realize algum gesto e leve palavras de esperança. Busque mostrar que esses lugares, que são ignorados pelas autoridades públicas, não são esquecidos por Deus.

3 Maria e o anúncio do anjo

No sexto mês, o anjo Gabriel foi enviado por Deus a uma cidade da Galileia chamada Nazaré. Foi a uma virgem, prometida em casamento a um homem chamado José, que era descendente do rei Davi. E ela se chamava Maria. O anjo entrou onde ela estava, e disse: "Alegre-se, cheia de graça! O Senhor está com você!". Ouvindo isso, Maria ficou preocupada, e pensando no que a saudação queria dizer. O anjo disse: "Não tenha medo, Maria, porque você encontrou graça diante de Deus. Eis que você vai ficar grávida, terá um filho, e dará a ele o nome de Jesus. Ele será grande, e será chamado Filho do Altíssimo. E o Senhor dará a ele o trono de seu pai Davi, e ele reinará para sempre sobre os descendentes de Jacó. E o seu reino não terá fim". Maria perguntou ao anjo: "Como vai acontecer isso, se não vivo com nenhum homem?". O anjo respondeu: "O Espírito Santo virá sobre você, e o poder do Altíssimo a cobrirá com sua sombra. por isso, o Santo que vai nascer de você será chamado Filho de Deus. Olhe a sua parenta Isabel: apesar da sua velhice, ela concebeu um filho. Aquela que era considerada estéril, já faz seis meses que está grávida. Para Deus nada é impossível". Maria disse: "Eis a escrava do Senhor. Faça-se em mim segundo a tua palavra". E o anjo a deixou (Lucas 1,26-38).

Meditação

Este evangelho traz como tema central o "sim" de Maria. Aprendemos com ela a nos colocarmos à disposição de Deus, porém, isso nem sempre é fácil. São muitas as dúvidas, os medos e as inseguranças. Maria nos dá aqui um exemplo de profunda confiança em Deus, embora também tivesse ficado preocupada, perturbada e com medo ao receber a notícia. Porém, o anjo trata logo de tranquilizá-la, dizendo que Deus estava com ela, e isso bastou para ela se alegrar. Com a certeza de que Deus está conosco, temos motivo suficiente para nos alegrar, mesmo que as coisas que nos cercam, as notícias que recebamos nos assustem.

O encorajamento do anjo a Maria se resume nas seguintes expressões: "O Senhor está com você", "Não tenha medo", "Você encontrou graça diante de Deus", "O Espírito Santo virá sobre você", "O poder do Altíssimo te cobrirá com sua sombra", "Para Deus nada é impossível". Diante desses encorajamentos, ela coloca-se à disposição de Deus. Aprendemos com Maria a nos colocarmos com fé e confiança diante de Deus, deixando que ela guie a nossa vida e faça em nós segundo a vontade dele. Quando fazemos essa entrega confiante, tudo caminha bem, conforme seus propósitos. Porém, isso não quer dizer que não iremos enfrentar desafios e obstáculos. Haverá muitos, mas teremos também coragem e força para vencê-los.

Oração contemplativa

Ave, Maria, cheia de graça, o Senhor é convosco; bendita sois vós entre as mulheres e bendito é o fruto do vosso ventre, Jesus. Santa Maria, Mãe de Deus, rogai por nós, pecadores, agora e na hora de nossa morte. Amém.

Gesto concreto

Procure neste dia colocar-se mais à disposição de Deus, pondo-se a serviço dos irmãos e oferecendo ajuda em algo de que necessitam. Não insista em fazer as suas vontades, mas veja antes se o que está fazendo é da vontade de Deus.

4 Maria, portadora de Deus

Naqueles dias, Maria partiu apressadamente para a região montanhosa, dirigindo-se a uma cidadezinha da Judeia. Entrou na casa de Zacarias, e saudou a prima Isabel. Quando Isabel ouviu a saudação de Maria, a criança se agitou no seu ventre, e Isabel ficou cheia do Espírito Santo. Com voz forte exclamou: "Você é bendita entre as mulheres, e é bendito o fruto do seu ventre! Como posso merecer que a mãe do meu Senhor venha me visitar? Logo que a sua saudação chegou aos meus ouvidos, a criança saltou de alegria no meu ventre. Bem-aventurada aquela que acreditou, porque vai acontecer o que o Senhor lhe prometeu" (Lucas 1,39-45).

Meditação

Esse texto bíblico nos traz alguns dados importantes para a nossa vida de oração e de vivência da fé, e que precisam ser resgatados. Por que Maria vai com tanta pressa à região montanhosa? Quem Isabel e Zacarias representam? O que significa a região montanhosa? O que representou o gesto de Maria? Atentos a essas questões, podemos entender melhor o texto e extrair alguns ensinamentos para a nossa vida. A pressa de Maria significa a urgência da situação. Há situações que não podem esperar. Isabel e

Zacarias representam a categoria dos excluídos. Eles tinham idade avançada, e Isabel era estéril. O casal não tinha gerado filho. Naquela época, quem não gerasse filhos era tido como amaldiçoado por Deus e excluído da comunidade, tendo que ir morar nas periferias, nos lugares afastados. A região montanhosa representava lugar de exclusão, mas também da manifestação de Deus, pois ele se manifesta nesses lugares.

Temos hoje muitas "regiões montanhosas". São os locais que sobram para os pobres e demais excluídos morarem. Assim, a pressa de Maria mostra que é urgente irmos ao encontro de quem está precisando; de quem é marginalizado; daqueles cuja vida corre risco. Entendemos aqui o motivo da sua pressa. Ela nos ensina a urgência da missão, a urgência em socorrer as pessoas que sofrem; a urgência em solucionar determinadas situações que não podem esperar. Não podemos ficar de braços cruzados quando há tantos irmãos e irmãs passando por dificuldades. Não podemos nos acomodar dentro de nossas sacristias, quando lá fora há clamores de Deus nas pessoas que sofrem. Quando vamos ao encontro dos necessitados para ajudá-los, somos portadores de Deus, e nosso gesto de solidariedade é epifânico, pois revela a Deus.

Através de gestos de solidariedade, Deus se manifesta. Quando Maria chega e cumprimenta Isabel, a criança estremece no seu ventre e ela, cheia do Espírito Santo, reconhece que Maria é portadora de Deus.

Deus reconhece Maria como a bem-aventurada, a agraciada, porque ela acreditou. Quem acredita em Deus e segue sempre seus caminhos, ouvindo e colocando em prática sua Palavra, é feliz e faz os outros felizes.

Oração contemplativa

Senhor, ajudai-me a perceber as necessidades de meus irmãos e irmãs e a não ser indiferente a elas. Que eu possa me colocar sempre à disposição para servir, indo ao encontro dos que necessitam, dos distanciados e de todos aqueles que se desviaram do seu caminho. Dai-me a força necessária para ser, a exemplo de Maria, verdadeiro discípulo missionário. Amém.

Gesto concreto

Faça uma visita a alguém que esteja doente ou afastado da comunidade, ou ainda a alguém que esteja passando por dificuldades financeiras em algum lugar distante.

5 Maria profetiza

Então Maria disse: "Minha alma proclama a grandeza do Senhor, meu espírito se alegra em Deus, meu salvador, porque olhou para a humilhação de sua serva. Eis que de agora em diante todas as gerações me chamarão bem-aventurada porque o Todo-poderoso realizou grandes obras em meu favor: santo é seu nome, e sua misericórdia chega aos que o temem, de geração em geração. Ele age com a força de seu braço: dispersa os soberbos de coração, derruba do trono os poderosos e eleva os humildes; aos famintos enche de bens, e despede os ricos de mãos vazias. Socorre Israel, seu servo, lembrando-se de sua misericórdia, conforme prometera aos nossos pais – em favor de Abraão e de sua descendência, para sempre". Maria ficou três meses com Isabel; e depois voltou para casa (Lucas 1,46-56).

Meditação

Temos neste cântico atribuído a Maria a revelação de uma mulher profética, atenta aos sinais dos tempos. Ela reconhece a grandeza de Deus e a proclama. Nós proclamamos a grandeza de Deus quando fazemos o bem, quando ajudamos, quando somos solidários, quando contribuímos para o mundo ser melhor. Maria se alegra em Deus, seu salvador, porque, ao ser escolhida e salva por Deus, viu nessa salvação a salvação de todos aqueles a quem o mundo condena: os humildes, os pobres, os marginalizados, os pecadores, enfim, todos aqueles que precisam de salvação. Ela profetiza o reconhecimento que teria; Maria hoje é venerada, celebrada, festejada. A ela recorremos nas horas difíceis e nas alegrias.

Aprendemos com Maria a reconhecer a grandeza de Deus e a nos alegrarmos, porque ele faz em nós maravilhas, basta estarmos atentos e perceberemos o quanto nos ama e nos concede graças. Ela reconhece o poder de Deus e anuncia esse poder, mostrando que as injustiças deste mundo não passam despercebidas aos olhos de Deus. Quem fere, maltrata ou ignora um pequenino, fere diretamente a Deus. Ela nos ensina a amar e a ajudar os que sofrem, sobretudo os famintos. Ela nos ensina a socorrer, como Deus a socorreu e como ele socorre os que padecem algum tipo de sofrimento.

Oração contemplativa

Senhor da messe e Pastor do rebanho, não permitai que eu me feche e me aliene das privações do mundo e das necessidades que surgem a minha volta. Que eu tenha sempre uma visão crítica, para saber identificar os opressores e, assim, lutar contra toda forma de opressão e miséria. Que minhas atitudes não sejam meramente paternalistas, mas que promovam a vida, de modo a dirimir ou diminuir toda forma de exclusão e miséria. Que, a exemplo de Maria, eu possa denunciar as injustiças e anunciar um novo mundo, onde reinem a paz, o amor e a justiça.

Gesto concreto

Se empenhe para promover alguma ação social que ajude na inclusão dos marginalizados. Se puder, busque se informar no seu município sobre as sessões da câmara municipal abertas ao público; participe e também convide outras pessoas da sua comunidade e do seu bairro. Nessas sessões são colocadas em pauta e votadas as decisões do município que poderão favorecer ou não a comunidade. Você poderá opinar e defender os direitos dos cidadãos, os seus direitos e os direitos dos seus irmãos e irmãs.

6 Maria dá a luz ao mundo

> *E aconteceu que naqueles dias, o imperador Augusto publicou um decreto, ordenando o recenseamento em todo o império. Esse primeiro recenseamento foi feito quando Quirino era governador da Síria. Todos iam registrar-se, cada um na sua cidade natal. José era da família e descendência de Davi. Subiu da cidade de Nazaré, na Galileia, até a cidade de Davi, chamada Belém, na Judeia, para registrar-se com sua esposa Maria, que estava grávida. Enquanto estavam em Belém, se completaram os dias para o parto, e Maria deu à luz o seu filho primogênito. Ela o enfaixou, e o colocou na manjedoura, pois não havia lugar para eles dentro da casa* (Lucas 2,1-7).

Meditação

Este texto do nascimento de Jesus apresenta uma Maria obediente a Deus e às leis de seu tempo. Uma mulher obediente e submissa a Deus, mas forte e consciente diante dos desafios do mundo. Ser obediente a Deus e obedecer às leis da comunidade ou da sociedade é algo necessário para a vida. Esse registro obrigatório nos lembra de algumas de nossas leis, como, por exemplo, o voto obrigatório. A família de Nazaré é uma família ciente de suas obrigações políticas e sociais e não se coloca como se fosse melhor do que as outras famílias. Maria e José vão humildemente para a cidade natal de José, em Belém, mesmo estando ela nos últimos dias de gravidez.

Imagine uma mulher grávida e às vésperas de dar à luz fazer uma viagem a pé ou no lombo de um animal! Maria, mesmo sendo a escolhida de Deus, não usurpou desse privilégio. Pelo contrário, teve muitos sofrimentos por causa disso, como veremos mais adiante. Quando estavam em Belém, completaram-se os dias e Maria deu à luz. Jesus nasceu numa estrebaria de animais e foi colocado numa manjedoura, pois não havia outro lugar para ele. O Rei do Universo nasceu entre animais, excluído dentre os excluídos. Maria teve todos os cuidados de mãe, enfaixando e colocando-o no local onde era depositada a comida para os animais. Ela soube improvisar o melhor lugar naquela situação precária.

Com esse gesto, Maria nos ensina que é possível oferecer o melhor àqueles que amamos, como, por exemplo, nossos filhos, mesmo nas situações mais precárias. Ela ensina as mães a serem mães, e todos nós a sermos mais filhos, mais obedientes; ensina-nos que, quando há amor verdadeiro, até uma estrebaria de animais pode se tornar um espaço onde Deus se manifesta. Ela nos ensina a transformar as situações difíceis. Não há dúvida de que existe algo de Deus em Maria, pois somente ele é capaz de mudar a dor em alegria, as situações difíceis em agradáveis, enfim, de transformar situações de morte em vida.

Maria, com seus gestos, revela o Deus que nela habita. Nós também, através de nossos gestos, podemos revelar o Deus que habita em nós.

Oração contemplativa

Senhor, que eu tenha sempre a capacidade de fazer com que os lugares e as pessoas se tornem melhores. Que eu faça isso através de meus exemplos, da minha conversão, da minha fé e das minhas ações. Que cada gesto meu contribua para um mundo melhor. Que, a exemplo de Maria, possa contribuir para que os espaços por onde eu passar se tornem melhores com minha presença e minhas ações. Amém.

Gesto concreto

Ajude a transformar algum espaço, gratuitamente, tornando-o mais belo, mais aconchegante, mais acolhedor: pode ser a sua comunidade, o seu local de trabalho, ou qualquer outro espaço que tiver a oportunidade de ajudar a melhorar.

7 Maria medita os fatos em seu coração

Quando os anjos se afastaram, voltando para o céu, os pastores combinaram entre si: "Vamos logo até Belém, ver esse acontecimento que o Senhor nos revelou". Foram então, às pressas, e encontraram Maria e José, e o menino deitado na manjedoura. Tendo-o visto, contaram o que o anjo lhes anunciara sobre o menino. E todos os que ouviam os pastores, ficaram maravilhados com aquilo que contavam. Maria, por sua vez, guardava todas essas coisas e meditava sobre elas em seu coração (Lucas 2,15-19).

Meditação

A expressão "guardar os fatos no coração" lembra o silêncio diante das coisas que fogem ao nosso entendimento. Lembra também a oração, a meditação, a contemplação e a entrega nas mãos de Deus de tudo aquilo que está fora do nosso alcance ou da nossa compreensão. Em vários momentos, encontramos essa expressão em Maria, mulher orante e contemplativa. Ela nos ensina, com esse gesto, a guardar e meditar todos os acontecimentos de nossa vida, em vez de espalhá-los ou nos desesperarmos por causa deles. Maria ora e entrega a Deus sua vida e tudo o que nela tinha de acontecer. Precisamos aprender a agir como Maria. Entregar a Deus os acontecimentos não é fugir dos problemas ou se isentar de responsabilidades, mas sim confiar que ele irá nos dar o entendimento no momento certo e que ele conduz os acontecimentos da melhor maneira.

Os pastores representam excluídos visitando aquele que nasceu entre os excluídos. A categoria mais excluída foi a escolhida para ser a primeira a conhecer o Salvador. Deus mais uma vez nos surpreende com a sua encarnação, e Maria é partícipe dessa surpresa, de mais essa graça. Ela é, juntamente com Jesus, personagem central na história da salvação. Os pastores foram às pressas ao encontro do Salvador. Esse gesto dos pastores mostra que é urgente irmos ao encontro do Salvador. Eles foram e encontraram. Todo aquele que vai ao encontro de Jesus, o encontra.

Há certa similaridade entre Maria e os pastores. Ela também era excluída e foi escolhida por Deus para ser a mãe do Salvador; eles eram excluídos e foram os escolhidos para conhecer o Salvador; ela recebeu o anúncio do anjo de que seria a Mãe de Jesus; eles receberam o anúncio do anjo de que o Messias havia nascido em Belém; ela saiu às pressas para visitar a prima Isabel na região montanhosa; ao receberem a notícia, eles também saíram às pressas para visitar o Salvador que acabara de nascer nesta região montanhosa de exclusão, a estrebaria. Maria se mostra solidária com os excluídos ao se manifestar através do cântico do *Magnificat*. Os pastores deixavam todos maravilhados com aquilo que contavam. Enfim, todos esses acontecimentos são dignos de Deus e merecem ser conservados e meditados no coração.

Oração contemplativa

Senhor, que eleva os humildes concedendo-lhes dignidade, fazei com que eu nunca perca a humildade, por mais que suas graças modifiquem a minha vida. Ensinai-me cada dia a ver nas pequenas coisas suas grandes maravilhas, e que eu saiba, com minhas palavras e gestos, engrandecer as outras pessoas. Que, a exemplo dos pastores, eu saiba anunciar o vosso Filho Jesus, e que, a exemplo de Maria, eu saiba guardar e meditar no coração todas as vossas vontades, mesmo que elas não sejam as minhas. Amém.

Gesto concreto

Exercite o silêncio neste dia, guardando no coração os acontecimentos, sobretudo aqueles que lhe são agradáveis. Evite falar da vida alheia e, sobretudo, prejudicar seu semelhante com pensamentos, palavras ou ações.

8 Maria e o maior presente de Deus

Então Herodes chamou em segredo os magos, e investigou junto a eles sobre o tempo em que a estrela havia aparecido. Depois, enviou-os a Belém, dizendo: "Vão, e procurem obter informações exatas sobre o menino. E me avisem quando o encontrarem, para que também eu vá prestar-lhe homenagem". Depois que ouviram o rei, eles partiram. E a estrela, que tinham visto no Oriente, ia adiante deles, até que parou sobre o lugar onde estava o menino. Ao verem de novo a estrela, os magos ficaram radiantes de alegria. Quando entraram na casa, viram o menino com Maria, sua mãe. Ajoelharam-se diante dele, e lhe prestaram homenagem. Depois, abriram seus cofres, e ofereceram presentes ao menino: ouro, incenso e mirra (Mateus 2,7-11).

Meditação

O evento do nascimento de Jesus atraiu pessoas vindas de longe, do outro lado do mundo, do Oriente. Os magos representavam a salvação que foi estendida a todos. Cristo não é exclusividade de alguns. Todos os que abrirem o coração para recebê-lo, seja de qualquer nacionalidade ou credo, serão por ele acolhidos. Os magos representam a salvação que chega até os confins da terra.

Esse texto mostra uma cena bastante conhecida de todos nós, reproduzida nos presépios: os três reis magos chegando com seus camelos, trazendo presentes para o menino Deus. Maria participa dessa cena ao lado do esposo, São José. Que mãe não se alegra ao ver seu filho sendo reconhecido e recebendo presentes de Deus? Que mãe não se alegra de ter um filho importante? O menino Jesus já tinha sido para Maria o maior presente que alguém poderia receber, e os presentes dos magos só vinham confirmar que aquele menino era de fato o próprio Deus encarnado.

O ouro era o reconhecimento da realeza do menino. Um rei diferente dos que até então a história tinha produzido, um rei diferente de Herodes. O incenso confirmava que essa realeza era divina e não terrena. E a mirra, bálsamo que mais tarde seria usado no corpo de Jesus, recorda que o seu reino não era deste mundo. Assim, Maria tem diante de si a confirmação de que ali estava o Filho de Deus, embora, provavelmente, ela não tivesse esse entendimento. Porém, ela sabia que algo extraordinário estava acontecendo. O texto não fala da sua reação, mas podemos imaginar que tenha sido de júbilo. É a reação de uma mãe que acolhe os que vêm da parte de Deus, e confere a esses a sua bênção materna.

Oração contemplativa

Senhor, dai-nos a postura orante da mãe de vosso Filho Jesus, para que saibamos acolher a todos e transmitir-lhes a paz e a serenidade de alguém que traz vosso amor no coração. Que, a exemplo dos magos, saibamos buscar vosso Filho, deixando-nos ser guiados pela estrela da vossa Palavra. Desviai-nos dos palácios dos Herodes de nossos tempos e nos apontai o melhor caminho a seguir. Que a nossa vida seja um presente para vosso Filho Jesus e a todos os vossos filhos. Abençoai-nos com as bênçãos do céu, para que sejamos aqui na terra anunciadores da Boa-Notícia que vem de vós. Por Cristo, nosso Senhor. Amém.

Gesto concreto

Visite um recém-nascido e leve algum presente que expresse o amor e reconhecimento pela importância de uma vida ter vindo ao mundo. Caso não conheça ninguém que tenha um recém-nascido, visite um doente ou uma pessoa idosa que não possa mais sair de casa, tendo o mesmo gesto de delicadeza. Reze com essa pessoa e a inclua nas suas orações diárias.

9 Maria, mulher refugiada

Depois que os magos partiram, eis que um anjo do Senhor apareceu em sonho a José, e lhe disse: "Levante-se, toma o menino e a mãe dele, e fuja para o Egito! Fique lá até que eu avise. Porque Herodes vai procurar o menino para matá-lo". José levantou-se de noite, pegou o menino e a mãe dele, e partiu para o Egito. Aí ficou até a morte de Herodes, para se cumprir o que o Senhor havia dito por meio do profeta: "Do Egito chamei o meu filho". Quando Herodes percebeu que os magos o haviam enganado, ficou furioso. Mandou matar todos os meninos de Belém e de todo o território ao redor, de dois anos para baixo, calculando a idade pelo que tinha averiguado dos magos. Então se cumpriu o que fora dito pelo profeta Jeremias: "Ouviu-se um grito em Ramá, choro e grande lamento: é Raquel que chora seus filhos, e não quer ser consolada, porque eles não existem mais". Quando Herodes morreu, o anjo do Senhor apareceu em sonho a José, no Egito, e lhe disse: "Levante-se, pegue o menino e a mãe dele, e volte para a terra de Israel, pois já estão mortos aqueles que procuravam matar o menino". José levantou-se, pegou o menino e a mãe dele, e voltou para a terra de Israel. Mas, quando soube que Arquelau reinava na Judeia, como sucessor do seu pai Herodes, teve medo de ir para lá. Por isso, depois de receber aviso em sonho, José partiu para a região da Galileia, e foi morar numa cidade chamada Nazaré. Isso aconteceu para se cumprir o que foi dito pelos profetas: "Ele será chamado Nazareno" (Mateus 2,13-23).

Meditação

Cada passagem bíblica que fala de Maria revela aspectos surpreendentes dessa personagem bíblica que tanta influência tem em nossa vida cristã, devido a sua colaboração na história da salvação e seu exemplo de amor a Deus e ao próximo. O texto escolhido para hoje trata de uma de suas dores. Ela teve muitas dores, mas a Igreja escolheu evidenciar sete. Dentre elas, *a fuga para o Egito*, a sua segunda grande dor. A mãe, com um filho recém-nascido, teve que fugir da morte porque Herodes queria matar o menino. O perigo era iminente. Ele já havia matado a muitos.

Esse texto e essa dor de Maria recorda a dor de todas as mães que precisam migrar em busca de sobrevivência. São mães que fogem da seca, da fome, da miséria; são mães que fogem da violência, das drogas, do tráfico humano; são mães que vão em busca de melhores condições para seus filhos, em busca de vida plena, como pediu Jesus (Jo 10,10). Por qualquer que seja o motivo, fugir nunca é algo bom, mas necessidade. A fuga para o Egito não significou fugir da luta, mas da violência. Maria nos ensina com esse gesto a fugirmos de toda forma de violência. A violência não condiz com a vida. A vida é para ser vivida na paz. Maria e José fogem para poupar o filho recém-nascido, e eles só retornam quando recebem a notícia de que Herodes havia morrido.

Oração contemplativa

Ó Deus, nós cremos que colocastes vossa tenda entre nós! Vós sois o Emanuel que acolhe. O Emanuel que caminha conosco, o Deus que refaz nossas forças. Vós sois aquele que nos ensina que os outros são nossos irmãos e irmãs de caminhada. Nós vos bendizemos, Deus caminheiro. Sim, nós vos bendizemos por caminhares conosco, vos bendizemos pelos irmãos e irmãs que nos estendem a mão.

Eis-nos aqui, migrantes e peregrinos em busca de pão e de paz. Todos procurando mais dignidade e construindo a fraternidade universal. Vinde nos ajudar para que continuemos confiantes em vossa companhia e solidários com os demais. Dai-nos, Jesus Peregrino, um espírito bom. Fazei-nos capazes de partilhar a vida e os bens com os que migram ao nosso lado.

Gesto concreto

Procure saber se há na sua rua ou no seu bairro alguma família de migrante que tenha chegado recentemente ou algum novo morador. Se houver, busque uma forma de fazer contato e colocar-se à disposição. Se a família for católica, convide-a para participar da comunidade, mas, caso não o seja, procure acolhê-la da mesma forma e mostre sua solidariedade. Se não tiver como fazer isso, procure rezar pelos migrantes e imigrantes.

10 Maria e a profecia de Simeão

Seu pai e sua mãe estavam maravilhados com o que se dizia do menino. Simeão os abençoou, e disse a Maria, mãe do menino: "Eis que este menino vai ser causa de queda e elevação de muitos em Israel. Ele será um sinal de contradição. Quanto a você, uma espada há de atravessar-lhe a alma. Assim serão revelados os pensamentos de muitos corações" (Lucas 2,33-35).

Meditação

Neste trecho de hoje do evangelho, nós temos uma das sete dores de Nossa Senhora. Maria, como todas as mães, teve alegrias e dores. Muitas alegrias, mas também muitas dores, e dores que somente mães que passaram por isso saberão entender. O trecho de hoje é apenas uma profecia das dores que a aguardavam, mas ela não se deixou abater por isso. Quem quer fugir das dores também se desvia das alegrias. Toda mulher quando assume a maternidade sabe que lhe aguardam muitas privações e dores, a começar pelo parto. Mas, por maiores que sejam as dores, a alegria de ter trazido uma vida ao mundo compensa tudo.

O evangelho começa mostrando alegrias. Maria e José estavam maravilhados com o que diziam do menino. Que pai ou mãe não ficariam maravilhados ao ouvirem maravilhas sobre seus filhos? O velho Simeão, uma espécie de "padrinho de consagração" de Jesus, o abençoa. A mãe se alegra com a bênção do profeta. Ele abençoa e faz seu prognóstico: "Este menino vai ser causa de queda e elevação de muitos em Israel". Ou seja, ele veio para fazer a diferença. Essa expressão nos lembra do cântico de Maria: "Ele derrubou do trono os poderosos e elevou os humildes". Esse menino iria derrubar do trono muitos poderosos e elevaria muitos humildes. Isso, porém, lhe custaria a vida, e uma espada iria transpassar o coração de Maria. O imaculado coração de Maria seria transpassado todas as vezes que seu filho sofresse. Todo coração de mãe é transpassado por um lança quando seus filhos sofrem. Transpassar a alma significa que a suas dores seriam incomparáveis a qualquer outra dor. Porém, entre alegrias e dores, seriam revelados os pensamentos de muitos corações.

Oração contemplativa

Salve, Rainha, Mãe de misericórdia, vida, doçura, esperança nossa, salve! A vós bradamos os degredados filhos de Eva, a vós suspiramos, gemendo e chorando neste vale de lágrimas. Eia, pois, Advogada nossa, esses vossos olhos misericordiosos a nós volvei, e depois deste desterro mostrai-nos Jesus, bendito fruto do vosso ventre, ó clemente, ó piedosa, ó doce sempre Virgem Maria. Rogai por nós, Santa Mãe de Deus! Para que sejamos dignos das promessas de Cristo. Amém.

Gesto concreto

Se tiver um afilhado, surpreenda-o com um telefonema, uma visita e uma bênção. Se não for o caso, escolha uma pessoa por quem rezar nesse dia e a abençoe com pedidos que ajudem a edificar a vida dela.

11 Maria apresenta Jesus no Templo

Quando o menino completou doze anos, subiram para a festa, como de costume. Terminados os dias da festa voltaram, mas o menino Jesus ficou em Jerusalém, sem que seus pais o notassem. Pensando que o menino estivesse na caravana, caminharam um dia inteiro. Depois começaram a procurá-lo entre parentes e conhecidos. Não o tendo encontrado, voltaram a Jerusalém à procura dele. Três dias depois, o encontraram no Templo. Estava sentado no meio dos doutores, escutando e fazendo perguntas. Todos os que o ouviam estavam maravilhados com a inteligência de suas respostas. Ao verem o menino seus pais ficaram emocionados. Sua mãe lhe disse: "Meu filho, por que você fez isso conosco? Olhe que seu pai e eu estávamos angustiados, à sua procura". Jesus respondeu: "Por que me procuravam? Não sabiam que eu devo estar na casa do meu Pai?". Mas eles não compreenderam o que o menino acabava de lhes dizer. Jesus desceu então com seus pais para Nazaré, e permaneceu obediente a eles. E sua mãe conservava no coração todas essas coisas (Lucas 2,42-51).

Meditação

Temos hoje aquela que é considerada a terceira dor de Nossa Senhora: *a perda do menino Jesus no templo*. Essa dor recorda a que é sentida por todas as mães que têm filhos desaparecidos. Faz lembrar também as que têm filhos adolescentes. É uma das únicas passagens que fala do Jesus adolescente, aos doze anos, e com um comportamento típico de adolescente: escapa dos olhos dos pais. O fato de não estar com os pais na caravana mostra desejo de autonomia.

Na adolescência os pais parecem ser um "incômodo" para os filhos adolescentes. Isso para um adolescente comum, o que não era o caso de Jesus. Nessa idade ele já demonstrava sua passagem para a fase adulta, a maturidade intelectual, embora a idade cronológica fosse de um pré-adolescente. Separa-se dos pais e dos parentes da caravana para estar entre os doutores, escutando e fazendo perguntas. Era uma espécie de "escola". Não há nenhuma referência bíblica que indique que Jesus frequentava uma escola, mas o fato de encontrar-se entre os doutores já deixa subentendido que estaria em pleno processo de formação intelectual. O encontro de Jesus nessas condições deixa os pais emocionados. A emoção se dá por diversas razões. Primeiro pelo encontro. Que pai ou mãe não se emociona ao encontrar um filho que havia perdido? Depois, pelas condições em que ele se encontrava, dialogando como adulto com os doutores. Maria manifesta sua preocupação, sua angústia e não deixa de repreendê-lo, porém com amor.

Este texto indica que pais e mães devem corrigir com amor seus filhos, sobretudo os adolescentes, mostrando a eles que essa é a forma mais correta de ensinar. Jesus volta com seus pais e permanece obediente a eles. Pais que corrigem com amor terão sempre os filhos junto deles.

Oração contemplativa

Ó Mãe das Dores, que ficastes angustiada com a perda de vosso filho no Templo, intercedei junto a Deus por todas as mães cujos filhos desapareceram. Confortai o coração daquelas que não mais os encontraram ou que os acharam já sem vida. Dai coragem a todas elas para que não percam a esperança de lutar junto com outras mães que vivem situações similares. Por Cristo, nosso Senhor. Amém.

Gesto concreto

Reze uma dezena do terço na intenção de todas as mães que tiveram ou têm filhos desaparecidos.

12 Maria atenta às necessidades

Três dias depois houve um casamento em Caná da Galileia, e a mãe de Jesus estava aí. Jesus também tinha sido convidado para essa festa de casamento, com seus discípulos. Faltou vinho e a mãe de Jesus lhe disse: "Eles não têm mais vinho!". Jesus respondeu: "Mulher, que existe entre nós? Minha hora ainda não chegou". A mãe de Jesus disse aos que estavam servindo: "Façam o que ele mandar". Havia aí seis potes de pedra de uns cem litros cada um, que serviam para os ritos de purificação dos judeus. Jesus disse aos que serviam: "Encham de água esses potes". Eles encheram os potes até a boca. Depois Jesus disse: "Agora tirem e levem ao mestre de cerimônias". Então levaram ao mestre de cerimônias. Ele provou a água transformada em vinho, sem saber de onde vinha. Os que serviam estavam sabendo, pois foram eles que tiraram a água. Então o mestre de cerimônia chamou o noivo e disse: "Todos servem primeiro o vinho bom e, quando os convidados estão bêbados, servem o pior. Você, porém, guardou o vinho bom até agora". Foi assim, em Caná da Galileia, que Jesus começou seus sinais. Ele manifestou a sua glória, e seus discípulos acreditaram nele (Jo 2,1-11).

Meditação

Maria participa da festa da vida e detecta quando não há mais alegria nessa festa. Assim, as bodas de Caná, primeiro milagre de Jesus, mostra a participação daquela que esteve o tempo todo com ele, como vimos em outros textos bíblicos e reflexões anteriores. É essa mãe atenta a tudo, sobretudo nas faltas, nas carências, nos momentos em que a vida perde seu brilho, ou corre perigo. As bodas de Caná representam a nova aliança de Deus com a humanidade. Essa aliança é representada numa festa, a festa de casamento. Deus faz aí um pacto conosco, e Maria está atenta a isso. Aqui Maria, a Mãe de Jesus, se revela alerta a tudo na nossa vida e nos dá uma importante recomendação: "Façam o que ele mandar".

Se a humanidade fizer o que Jesus manda, não faltará nada na festa da vida. Veem-se tantas carências, tanta falta de alegria, de amor, de compromisso e de inúmeras outras coisas necessárias para a vida. Isso soa como forte indício de que a humanidade não está seguindo o que ele recomendou. É sinal de que não estamos ouvindo os apelos de Nossa Senhora, que continua pedindo que executemos tudo o que Jesus mandar. Se quisermos um mundo melhor, precisamos procurar cumprir isso. Dentre as coisas que Jesus pediu está a partilha, como vemos na passagem da multiplicação dos pães. Tanto na multiplicação dos pães quanto nas bodas de Caná há grandes ensinamentos. Façamos o que Jesus mandou e iremos contemplar o acontecimento de grandes milagres.

Oração contemplativa

Senhor, Pai de misericórdia, por intercessão de Maria, Mãe de Jesus e nossa Mãe, fazei com que estejamos sempre atentos aos ensinamentos do vosso Filho Jesus e que nos comprometamos mais com a festa da vida, para que não haja tantas faltas no mundo. Tudo isso nós vos pedimos pelo vosso Filho e Senhor nosso, na unidade do Espírito Santo. Amém.

Gesto concreto

Faça uma revisão de vida e procure detectar em que aspecto você ainda não está fazendo a vontade de Deus. Anote tudo que perceber e procure melhorar. Se observar algo mais sério, procure o sacramento da Confissão.

13 Maria, mãe de quem vive a Palavra de Deus

Jesus ainda estava falando às multidões. Sua mãe e seus irmãos ficaram do lado de fora, procurando falar com ele. Alguém disse a Jesus: "Olha! Tua mãe e teus irmãos estão aí fora, e querem falar contigo". Jesus perguntou àquele que tinha falado: "Quem é minha mãe e quem são meus irmãos?". E, estendendo a mão para os discípulos, Jesus disse: "Aqui estão minha mãe e meus irmãos, pois todo aquele que faz a vontade do meu Pai que está no céu, esse é meu irmão, minha irmã e minha mãe" (Mateus 12,46-50).

Meditação

A primeira impressão que se tem ao ler este texto é a de que Jesus rejeitou sua mãe. Porém, não é bem assim. Ele não rejeita a sua mãe, pelo contrário, a acolhe e estende a possibilidade de fazermos parte de sua família. Ou seja, como mostra o próprio texto, todo aquele que faz a vontade de Deus é de sua família. Portanto, este é o critério para fazer parte da família de Jesus e a vontade do Pai que está no céu. Maria, sua mãe, melhor do que ninguém soube fazer a vontade de Deus, colocando-se diante dele como serva.

Assim, mais uma vez ela nos ensina a fazer a vontade de Deus. Aqui é Jesus quem dá essa indicação, partindo do exemplo de sua própria família. Tanto José quanto Maria souberam realizar a vontade de Deus. Quem fica do lado de fora e não acolhe a sua Palavra nem faz a sua vontade não pode dizer que é seu discípulo e nem seu irmão ou irmã, pois quem fica de fora, quem não "entra no seu barco", enfim, quem não assume sua missão, não pode dizer que faz a vontade do Pai e muito menos que é de sua família.

Quando rezamos o Pai-Nosso, dizemos, "seja feita a vossa vontade", mas nem sempre temos plena consciência desse pedido e da sua importância para a nossa vida. Quem faz a vontade do Pai, esse é irmão, irmã e mãe de Jesus, ou seja, quem faz a vontade de Deus passa a fazer parte de sua família. Você se considera da família de Jesus, essa família de discípulo missionário?

Oração contemplativa

Pai nosso, que estais nos céus, santificado seja o vosso nome, venha a nós o vosso Reino, seja feita a vossa vontade, assim na terá como no céu; o pão nosso de cada dia nos daí hoje, perdoai-nos as nossas ofensas, assim como nós perdoamos a quem nos tem ofendido, e não nos deixeis cair em tentação, mas livrai-nos do mal. Amém.

Gesto concreto

Esforçe-se para colocar em prática a Palavra de Deus. Como? Exercitando uma das petições da oração do Pai-Nosso, como, por exemplo: buscar uma forma concreta de santificar o nome de Deus; fazer uma boa ação, de modo a deixar transparecer nela o Reino de Deus; permitir que a vontade de Deus seja feita, sem insistir tanto em fazer a própria vontade; perdoar alguém que lhe tenha ofendido; evitar as tentações etc. Ver qual dessas petições poderá pôr em prática neste dia. Mas faça com o propósito de correção e conversão, e não apenas como penitência.

14 Maria diante da comunidade que rejeita seu Filho

Quando Jesus terminou de contar essas parábolas, saiu desse lugar, e voltou para a sua terra. Ensinava na sinagoga, de modo que todos ficavam admirados. Diziam: "De onde vêm essa sabedoria e esses milagres? Esse homem não é o filho do carpinteiro? Sua mãe não se chama Maria, e seus irmãos não são Tiago, José, Simão e Judas? E suas irmãs, não moram conosco? Então, de onde vem tudo isso?". E ficaram escandalizados por causa de Jesus. Mas ele disse: "Um profeta só não é estimado em sua própria pátria e em sua família". E Jesus não fez muitos milagres aí, por causa da falta de fé deles (Mateus 13,53-58).

Meditação

A falta de fé impossibilita que os milagres aconteçam. O texto acima nos mostra que, pelo fato de conhecerem a família de Jesus, seus conterrâneos não deram credibilidade a ele e às coisas maravilhosas que realizava. Daí nasce à expressão popular "santo de casa não faz milagres". Em nossa casa, comunidade, escola ou ambiente de trabalho, há pessoas com grandes potenciais, mas o fato de convivermos com elas às vezes nos impossibilita de enxergar essas características. Há tantas pessoas em nossa família, comunidade ou trabalho com dons, talentos e potenciais, mas que não são exercidos por falta de credibilidade. Acreditamos mais em alguém que vem de fora, que não conhecemos, do que naqueles que estão a nossa volta ou que são da nossa família.

O fato de Jesus ser filho de Maria, uma mulher simples, foi motivo para que os de sua terra se escandalizassem pelas coisas que fazia. Para eles, alguém que vinha de uma família simples não seria capaz de ter tanta sabedoria ou de fazer milagres. Como fica o coração de uma mãe ao ver seu filho sendo desacreditado por causa da sua origem? Precisamos banir do nosso coração todo tipo de preconceito, pois é um dos piores obstáculos para que alguém realize algo em prol da comunidade.

Oração contemplativa

Virgem Mãe, ajudai-nos a nos livrar do ódio e do racismo. Livrai-nos também, Mãe celeste, de todo preconceito, de toda discriminação e de toda maldade que desqualificam e inferiorizam vossos filhos. Livrai-nos da arrogância de achar que somos melhores do que os outros. Preenchei nosso coração de compreensão e a nossa mente de inteligência para não fazermos distinção de pessoas. Que possamos acreditar nos dons e na capacidade de nossos irmãos, de qualquer região e nacionalidade, de qualquer idade, classe social ou credo. Que saibamos enxergar nas outras pessoas aquilo que de mais sublime elas possam ter, e que suas falhas e fraquezas não sejam motivo para discriminação ou preconceito. Assim seja.

Gesto concreto

Procure neste dia elogiar as outras pessoas por algo que elas tenham feito. Se não conseguir notar nenhuma atitude que mereça ser exaltada, elogie alguma outra coisa, como, por exemplo, o vestuário, o sorriso, enfim algo que as ajude a elevar a autoestima e que as valorize.

15 Maria no caminho do calvário

Enquanto levavam Jesus para ser crucificado, pegaram certo Simão, da cidade de Cirene, que voltava do campo, e o forçaram a carregar a cruz atrás de Jesus. Uma grande multidão do povo o seguia. E mulheres batiam no peito, e choravam por Jesus. Então Jesus voltou-se, e disse: "Mulheres de Jerusalém, não chorem por mim! Chorem por vocês mesmas e por seus filhos! Porque dias virão, em que se dirá: 'Felizes das mulheres que nunca tiveram filhos, dos ventres que nunca deram a luz e dos seios que nunca amamentaram'" (Lucas 23,26-29).

Meditação

Jesus sente neste momento doloroso o sofrimento de sua mãe. Ele se compadece de todas as mulheres que geraram filhos, e esses filhos a fizeram ou fazem sofrer. Essas mulheres representam naquele momento o sofrimento de Maria, que vê o Filho a caminho do calvário sem poder aliviar a sua dor. Nessa passagem bíblica é representada a quarta dor de Maria. A dor de todas as mães que veem seus filhos sendo condenados, carregando pesados fardos, sendo punidos de alguma forma. E essas mães se perguntam: em que eu errei? A dor de Maria se agrava porque seu Filho é inocente. A dor de ver um inocente sendo condenado é cruel, ainda mais quando ele é nosso filho, nosso irmão, alguém da nossa família. Que mãe não sente o coração dilacerado ao assistir à condenação de um filho?

Maria nos ensina nesta passagem bíblica a sermos fortes diante de todas as situações, sobretudo daquelas em que a razão não nos possibilita entender o porquê. As mulheres de Jerusalém representam todas as mulheres, inclusive Maria e todas as Marias de ontem e de hoje que participam do calvário de seus filhos. Jesus ainda consegue alentá-las e as orienta a chorar por seus filhos e por elas mesmas, ou seja, ensina a se compadecer dos que sofrem. Não é o Cristo sofredor que nos deve comover, mas os que passam por situações similares à dele. Ele sofreu para que nós não sofrêssemos; por isso ele pede que toda lágrima, toda compaixão se volte para os que padecem a nossa volta. Seu exemplo deve servir para que também façamos o mesmo pelos que sofrem e, assim, possamos consolá-los. Tanto Maria quanto as mulheres de Jerusalém, assim como todas as mulheres, são consoladas nesse trecho bíblico.

Oração contemplativa

Senhor, ensinai-nos a ser mais sensíveis às dores de nossos irmãos e irmãs. Que possamos ter compaixão dos que sofrem, dos que assistem, sem poder fazer muita coisa, aos que estão com a vida por um fio. Dai-nos sempre a vossa graça de poder levar palavras de conforto aos corações angustiados e, assim, consolar os que precisam de consolo, amparar os que precisam de amparo e socorrer os que mais precisarem da nossa ajuda e da vossa misericórdia. Tudo isso nós vos pedimos, pela intercessão de Maria, vossa Mãe e nossa. Amém.

Gesto concreto

Ajude alguém que esteja sofrendo com uma palavra amiga, de esperança e fé.

16 Maria junto à cruz

A mãe de Jesus, a irmã da mãe dele, Maria de Cléofas, e Maria Madalena estavam junto à cruz. Jesus viu a mãe e, ao lado dela, o discípulo que ele amava. Então disse à mãe: "Mulher, eis aí o seu filho". Depois disse ao discípulo: "Eis aí a sua mãe". E dessa hora em diante, o discípulo a recebeu em sua casa (João 19,25-27).

Meditação

Este texto retrata uma das dores de Maria, talvez a mais terrível, se é que dá para qualificar ou quantificar a dor da Mãe de Deus. Maria, junto à cruz, na hora derradeira de Jesus, ouviu suas últimas palavras. E que palavras! Jesus entrega sua mãe à humanidade. Ao confiar João, o discípulo amado, como filho, Jesus estava entregando a ela cada irmão seu, cada um de nós, ou seja, todos os cristãos, todos aqueles que professarem a fé cristã. Ao mesmo tempo, ao confiar sua mãe ao discípulo amado, ele a entregava a todos nós, pobres pecadores, que continuamos ao pé da cruz esperando a redenção. Quando o discípulo a recebeu em sua casa, ele a recebeu no coração, ensinando-nos a também receber Maria em nossa casa e em nosso coração.

Toda vez que recebemos Maria, seja nas novenas, seja na capela, seja de qualquer outra forma, nós fazemos memória desse momento crucial. E ela também nos recebe, sobretudo nas nossas dores, nos momentos mais difíceis de nossa vida. Maria nos ensina neste texto a sermos firmes e resistentes diante de toda forma de dor, sobretudo desse tipo de dor em que uma espada transpassa nossa alma.

Oração contemplativa

Senhor Jesus, que no Calvário contastes com Simão, o Cirineu, para ajudá-lo a carregar vossa santa cruz, dai-nos força, saúde, coragem e paciência para ajudar nossos irmãos e irmãs a carregarem as suas cruzes, quer sejam estas as enfermidades físicas ou espirituais, quer sejam outras. Assim como o Cirineu não parou para pensar nas cruzes que já carregava, fazei com que nós também esqueçamos as nossas, entregando-as aos cuidados de nossa querida Mãe Maria, Nossa Senhora das Dores.

Que essa mesma Mãe que permaneceu em pé junto à cruz de seu Filho, naquele momento extremo de sofrimento e dor e sem nada poder fazer para aliviá-lo, possa dar-nos a mansidão e a paz que consolaram o seu coração, para que, junto destes irmãos e irmãs que tanto necessitam de ajuda, sejamos sinais de Deus, confortando-os com a nossa presença, nos momentos difíceis de seu calvário. Que consigamos como vós, Mãe querida, resistir em pé ao lado deles, servindo-os sempre com muito amor. Por isso, pedimos que o Espírito consolador habite em nosso coração, fazendo-nos semelhantes ao vosso imaculado coração. Amém.

Gesto concreto

Visite uma pessoa doente, em casa ou em hospitais, e permaneça algum tempo ao lado dela, confortando-a com palavras ou simplesmente com a presença amiga. Sente-se ao lado dela e segure em suas mãos. Mostre que há alguém do seu lado, mesmo que seja por alguns instantes, e a console de alguma forma.

17 Maria recebe o filho morto nos braços

Então Jesus lançou um forte grito, e expirou. Nesse momento, a cortina do santuário se rasgou de alto a baixo, em duas partes. O oficial do exército, que estava bem na frente da cruz, viu como Jesus havia expirado, e disse: "De fato, esse homem era mesmo Filho de Deus!". Aí estavam também algumas mulheres, olhando de longe. Entre elas estavam Maria Madalena, Maria, mãe de Tiago, o menor, e de Joset, e Salomé. Elas haviam acompanhado e servido a Jesus, desde quando ele estava na Galileia. Muitas outras mulheres estavam aí, pois tinham ido com Jesus a Jerusalém. Ao entardecer, como era o dia da Preparação, isto é, a véspera do sábado, chegou José de Arimateia. Ele era membro importante do Sinédrio, e também esperava o Reino de Deus. José encheu-se de coragem, foi a Pilatos, e pediu o corpo de Jesus. Pilatos ficou admirado que Jesus já tivesse morrido. Chamou o oficial do exército, e perguntou se Jesus já estava morto. Depois de informado pelo oficial, Pilatos mandou entregar o cadáver a José. José comprou um lençol de linho, desceu o corpo da cruz, e o enrolou no lençol. Em seguida, colocou Jesus num túmulo, que tinha sido cavado na rocha, e rolou uma pedra para fechar a entrada do túmulo. Maria Madalena e Maria, mãe de Joset, ficaram olhando onde Jesus tinha sido colocado (Marcos 15,37-47).

Meditação

"Bendita és tu entre as mulheres." Maria não aparece diretamente entre essas mulheres que assistem aos horrores da crucificação e morte de Jesus, mas tudo indica que ela estava ali, entre as mulheres, pois tinha estado até bem pouco tempo ao pé da cruz, como vimos noutra passagem. Essa mulher bendita, que Deus agraciou de uma força descomunal para suportar tamanha dor, agora recebe nos braços o mesmo Filho de Deus que trouxe no ventre, porém, com a missão cumprida: a dela e a dele.

Quando o corpo é entregue a José, alguns estudiosos dizem que ele foi entregue à Mãe. A imagem é retratada na escultura da Pietá, de Michelângelo (1499), a Madona com Jesus morto nos braços, uma das imagens mais comoventes das retratações bíblicas. Essa imagem remete às mães que veem seus filhos morrerem e, humildemente, aceitam os desígnios de Deus, pois a morte pertence aos mistérios insondáveis do Criador. Maria nos ensina com esse gesto a carregar nos nossos braços nossos irmãos vítimas da violência e da dor, a olhar o mundo com o olhar da fé e da confiança incomensurável em Deus que tudo pode e nos fortalece. Embora a dor da morte seja terrível, a alegria da ressurreição a suplanta. Maria sente em seu coração o encorajamento da ressurreição, por isso suporta tamanha dor. Somente os que creem na ressurreição são capazes de atravessar, incólumes, os vales tenebrosos da morte.

Oração contemplativa

Ó Mãe das Dores, Rainha dos mártires, que tanto chorastes vosso Filho, morto para nos salvar, alcançai-nos uma verdadeira contrição dos nossos pecados e uma sincera mudança de vida. Mãe, pela dor que experimentastes quando vosso divino Filho, no meio de tantos tormentos, inclinando a cabeça expirou à vossa vista sobre a cruz, nós vos suplicamos que nos alcanceis uma boa morte. Por piedade, ó Advogada dos pecadores, não deixeis de amparar nossa alma na aflição e no combate da terrível passagem desta vida à eternidade.

E, como é possível que neste momento a palavra e a voz nos faltem para pronunciar o vosso nome e o de Jesus, rogamo-vos, desde já, a vós e a vosso divino Filho, que nos socorrais nessa hora extrema, e assim diremos: Jesus e Maria, nós vos entregamos a nossa alma. Nossa Senhora, rogai por nós. Amém.

Gesto concreto

Conforte alguém que tenha perdido um ente querido. Isso pode ser feito participando de uma celebração de exéquias ou visitando uma família enlutada.

18 Maria presente na primeira comunidade cristã

Os apóstolos voltaram para Jerusalém, pois se encontravam no monte das Oliveiras, não muito longe de Jerusalém: uma caminhada de sábado. Entraram na cidade e subiram para a sala de cima, onde costumavam hospedar-se. Aí estavam Pedro e João, Tiago e André, Filipe e Tomé, Bartolomeu e Mateus, Tiago, filho de Alfeu, Simão Zelota e Judas, filho de Tiago. Todos eles tinham os mesmos sentimentos e eram assíduos na oração, junto com algumas mulheres, entre as quais Maria, mãe de Jesus, e com os irmãos de Jesus (Atos dos Apóstolos 1,12-14).

Meditação

O livro dos Atos dos Apóstolos descreve, entre outras coisas, a formação das primeiras comunidades cristãs e o crescente número de discípulos que iam aderindo à fé cristã, aos ensinamentos dos apóstolos, após a morte e ressurreição de Jesus. Neste trecho selecionado acima, destaque-se algo importante e pouco refletido: a presença de Maria, a Mãe de Jesus, e de outras mulheres, na formação das primeiras comunidades e no discipulado. Maria como discípula do próprio Filho, dando exemplo de como sermos discípulos missionários de Jesus Cristo, como sempre fez desde o seu "sim" a Deus. Aí podemos notar que as primeiras comunidades cristãs tiveram a significativa presença das mulheres e da própria Mãe de Jesus, o que nos faz entender por que hoje em nossas comunidades eclesiais elas são maioria.

Maria acredita na comunidade, acredita no projeto de Deus que seu filho Jesus abraçou, por isso segue firme na missão, sem esmorecer com a Paixão e Morte de seu Filho. Pois crê que ele ressuscitou e continua vivo entre eles. Ela é também continuadora da missão de Jesus e nos ensina, através do seu exemplo, a continuarmos firmes na comunidade, na vida de fé, com os mesmos sentimentos, assíduos na oração e na partilha. Os irmãos de Jesus, dos quais nos fala o texto citado, são aqueles que assumiram, com Maria e os apóstolos, o discipulado, o seguimento, a vida de comunidade. Irmãos na fé, no mesmo ideal, pessoas irmanadas numa mesma causa. É isso que Maria quer que sejamos: irmãos, vivendo os ensinamentos de seu Filho como numa família, representada na comunidade.

Oração contemplativa

Maria, Mãe da Igreja, ensinai-nos a sermos discípulos missionários de vosso Filho Jesus e a formar e viver em comunidade. Comunidades que sejam o retrato das primeiras comunidades cristãs. Que saibamos valorizar nestas comunidades os dons e talentos dos irmãos e irmãs, a respeitar as diferenças, a compreender as falhas com caridade pastoral. Ensinai-nos a termos os mesmos sentimentos do vosso Filho Jesus: sentimento de compaixão para com os que sofrem, sentimento de verdadeiros irmãos e irmãs. Que sejamos firmes na fé e assíduos na oração. Que nada atrapalhe nossa caminhada missionária rumo à pátria definitiva. Maria, Mãe da Igreja, rogai por nós que recorremos a vós. Amém.

Gesto concreto

Ler, refletir e ajudar a colocar em prática as orientações da Igreja sobre *Comunidades de comunidade* (Documento n. 100, da CNBB). Como? Reúna um grupo da comunidade para esse estudo e busque meios concretos de aplicar as orientações da Igreja no dia a dia de sua vida eclesial. Esse compromisso não é apenas para um dia, mas para a vida. Neste dia busque pelo menos conhecer tais orientações da Igreja sobre comunidade e rezar por esse projeto missionário.

19 Maria, mediadora da nossa filiação divina

Quando, porém, chegou à plenitude do tempo, Deus enviou o seu Filho. Ele nasceu de uma mulher, submetido à Lei, para resgatar aqueles que estavam submetidos à Lei, a fim de que fôssemos adotados como filhos. A prova de que vocês são filhos é o fato de que Deus enviou aos nossos corações o Espírito do seu Filho que clama: "Abbá, Pai!". Portanto, você já não é escravo, mas filho; e se é filho, é também herdeiro por vontade de Deus (Gálatas 4,4-7).

Meditação

Maria contribuiu para nossa filiação divina. Como isso aconteceu? Aceitando ser a Mãe do Filho de Deus. Esse Deus que se fez um de nós para que pudéssemos ter acesso a ele. E assim foi feito. Ele veio a este mundo através do ventre de uma mulher, Maria, como toda pessoa. Nasceu igual a tantos, sobretudo, igual aos marginalizados, para que todos pudessem conhecê-lo, inclusive os pequenos e marginalizados; os que talvez não pudessem conhecê-lo se ele nascesse de outra forma.

Ele nasceu submetido à Lei, para não ser diferente de ninguém e, acima de tudo, para resgatar aqueles que estavam sob o jugo dessas leis, muitas vezes opressoras, as quais marginalizavam os pequenos, os que nasciam na "manjedoura", isto é, os que nasciam e continuam a nascer nas periferias, nas favelas, embaixo de pontes e na porta dos hospitais, porque não há lugar para eles. Jesus se fez pequeno e humilde para acolher os pequenos e humildes, e Maria participou de tudo isso, sendo instrumento de Deus. Ela se colocou como serva, à disposição dele, para que sua obra se realizasse plenamente.

Este trecho da leitura escolhida para hoje mostra que Jesus nasce na condição de escravo para eliminar toda forma de escravidão e para que, assim, não fôssemos mais escravos, mas sim filhos. Foi preciso que o Filho de Deus se fizesse servo para pôr fim a toda forma de servidão. Maria se colocou diante de Deus como serva, para que aprendêssemos a servir na humildade, pois somente agindo assim a pessoa permite que Deus se manifeste nela. Deus se manifestou em Maria, através de seu Filho Jesus, porque ela se colocou diante dele com a humildade de uma serva.

Oração contemplativa

V. O anjo do Senhor anunciou a Maria.

R. E ela concebeu do Espírito Santo.

Ave, Maria...

V. Eis aqui a serva do Senhor.

R. Faça-se em mim segundo a vossa palavra.

Ave, Maria...

V. E o Verbo divino se fez homem.

R. E habitou entre nós.

Ave, Maria...

V. Rogai por nós, Santa Mãe de Deus,

R. Para que sejamos dignos das promessas de Cristo. Amém.

Oremos.

Infundi, Senhor, em nosso coração a vossa graça, para que, conhecendo pela anunciação do anjo a encarnação de vosso Filho, cheguemos por sua paixão e cruz à glória da ressurreição. Pelo mesmo Cristo, Senhor nosso. Amém. Glória ao Pai...

Gesto concreto

Procure ter atitudes de filhos e filhas de Deus, agindo como tal. Como agem os filhos e filhas de Deus? Fazendo o bem, ajudando o próximo, agindo com justiça e integridade, perdoando, colaborando na obra da criação, preservando o meio ambiente, respeitando as pessoas, conservando a vida etc. Se esforce para fazer tudo isso, ou pelo menos alguma coisa que mostre que você é filho e não escravo.

20 Maria redime o pecado de Eva

O Senhor Deus chamou o homem: "Onde está você?". O homem respondeu: "Ouvi teus passos no jardim: tive medo, porque estou nu, e me escondi". O Senhor Deus continuou: "E quem lhe disse que você estava nu? Por acaso você comeu da árvore da qual eu lhe tinha proibido comer?". O homem respondeu: "A mulher que me deste por companheira deu-me o fruto, e eu comi". O Senhor Deus disse para a mulher: "O que foi que você fez?". A mulher respondeu: "A serpente me enganou, e eu comi". Então Javé Deus disse para a serpente: "Por ter feito isso, você é maldita entre todos os animais domésticos e entre todas as feras. Você se arrastará sobre o ventre e comerá pó todos os dias de sua vida. Eu porei inimizade entre você e a mulher, entre a descendência de você e os descendentes dela. Estes vão lhe esmagar a cabeça, e você ferirá o calcanhar deles". O Senhor Deus disse então para a mulher: "Vou fazê-la sofrer muito em sua gravidez: entre dores, você dará à luz seus filhos; a paixão vai arrastar você para o marido, e ele a dominará". O Senhor Deus disse para o homem: "Já que você deu ouvidos à sua mulher e comeu da árvore cujo fruto eu lhe tinha proibido comer, maldita seja a terra por sua causa. Enquanto você viver, você dela se alimentará com fadiga. A terra produzirá para você espinhos e ervas daninhas, e você comerá a erva dos campos. Você comerá seu pão com o suor do seu rosto, até que volte para a terra, pois dela foi tirado.

Você é pó, e ao pó voltará". O homem deu à sua mulher o nome de Eva, por ser ela a mãe de todos os que vivem (Gênesis 3,9-20).

Meditação

Este texto do livro do Gênesis trata do pecado entrando no mundo, através de Adão e Eva, o primeiro homem e a primeira mulher. Porém, a culpa pelo pecado recai mais sobre a figura da mulher, e ela passa a carregar esse peso, refletido nas tantas formas de discriminação e preconceito que ainda hoje sofre na Igreja e na sociedade, ainda que Maria tenha vindo corrigir esse erro. Assim, se através da mulher, Eva, o pecado entrou no mundo, através de outra mulher, Maria, o pecado foi redimido. Deus recria a nova humanidade, dominada pelo pecado, através de Maria. Assim, a história da salvação faz um contraponto entre Eva e Maria, mostrando que Maria veio coroar de glória o mundo ao ser portadora da graça e da misericórdia de Deus, que, olhando para a humilhação de sua serva, isto é, de todas as mulheres, escolheu Maria para ser a mãe de seu Filho Jesus. Desse modo, Maria dá uma contribuição ímpar à história da salvação, colocando um fim à maldição atribuída a Eva e às mulheres, como vemos no relato bíblico.

À vista disso, Maria se recobre de importância e redime não apenas a figura da mulher, como culpada pelo pecado, mas toda a humanidade. Ela representa a salvação de Deus a todos nós, através do seu Filho Jesus, rompendo com toda culpa, com todo preconceito. Por essa razão, engrandece-se diante da humanidade, como a Mãe da nova humanidade, recriada a partir da graça e da misericórdia de Deus: "Doravante todas as gerações me felicitarão" (Lc 1,28).

Oração contemplativa

Ó Maria concebida sem pecado, rogai por nós que recorremos a vós e por todos quantos não recorrem a vós, especialmente pelos inimigos da Santa Igreja e por todos quantos são a vós recomendados. Amém.

Gesto concreto

Busque o sacramento da Confissão e se esforce em corrigir os pecados confessados.

21 Maria, mulher revestida com os sinais de Deus

Apareceu no céu um grande sinal: uma Mulher vestida com o sol, tendo a lua debaixo dos pés, e sobre a cabeça uma coroa de doze estrelas. Estava grávida e gritava, entre as dores do parto, atormentada para dar à luz. Apareceu, então, outro sinal no céu: um grande Dragão, cor de fogo. Tinha sete cabeças e dez chifres. Sobre as cabeças sete diademas. Com a cauda ele varria a terça parte das estrelas do céu, jogando-as sobre a terra. O Dragão colocou-se diante da mulher que estava para dar à luz, pronto para lhe devorar o Filho, logo que ele nascesse. Nasceu o Filho da Mulher. Era menino homem. Nasceu para governar todas as nações com cetro de ferro. Mas o filho foi levado para junto de Deus e de seu trono. Quando viu que tinha sido expulso para a terra, o Dragão começou a perseguir a Mulher, aquela que tinha dado à luz um menino homem. A Serpente não desistiu: vomitou um rio de água atrás da Mulher, para que ela se afogasse. Mas a terra socorreu a Mulher: abriu a boca e engoliu o rio que o Dragão tinha vomitado (Apocalipse 12,1.5.13.15-16).

Meditação

Este texto mostra que Nossa Senhora continua sendo aquela que, além de interceder, luta para nos defender. A mulher que aparece no céu como um grande sinal e que luta contra o dragão, representante das forças da morte, é atribuída à figura de Maria, e Maria representa a Igreja Mãe, que existe para defender seus filhos, pois é essa a missão da Igreja peregrina neste mundo. O dragão quer devorar seus filhos, mas esta Mãe, portadora de Deus, enfrenta as forças da morte e sai vencedora. Ela vence porque tem Deus junto de si. Sem Deus, nós nada somos. E, sem Deus, a Igreja não é Igreja. Maria nos ensina, assim, a ter sintonia com Deus e agir de modo a superar as dificuldades e os sofrimentos. Ela nos ensina a ser discípulos missionários dentro dessa Igreja que caminha neste mundo sobre a proteção de Maria, aquela que soube lutar contra os dragões da maldade. Que saibamos reconhecer esse amor de Mãe e aprender com ela a defender a vida.

Oração contemplativa

Maria, Mãe da Igreja, protegei os filhos vossos que vivem constantemente ameaçados pelos diversos tipos de dragões que insistem em devorá-los. Protegei os missionários em áreas de dificuldades e conflitos. Protegei os que estão ameaçados por drogas, crimes, prostituição, tráfico humano e pela vulnerabilidade da vida. Mostrai-nos sempre vosso Filho Jesus, de modo que nunca percamos a esperança de vencer as forças da morte, assim como ele o fez. Amém.

Gesto concreto

Busque ajudar em alguma situação ou alguém, cuja vida esteja em perigo. Essa ajuda pode ser dada diretamente à pessoa que sofre ou através de alguma instituição de defesa da vida, como, por exemplo, Centro de Direitos Humanos, Pastorais Sociais, ajuda aos missionários etc.

22 Maria, mãe que se compadece de seus filhos

No terceiro dia, quando terminou de rezar, Ester tirou a roupa de luto e se vestiu com as roupas de rainha. [...] Ultrapassando todas as portas, Ester se encontrou na presença do rei. Ele estava sentado no trono real [...]. Ele ergueu o cetro de ouro, o pousou no pescoço de Ester, a beijou e pediu: "Peça-me o que você quiser, rainha Ester, e eu o concederei a você. Qual é o seu pedido? Darei a você até a metade do meu reino". A rainha Ester respondeu: "Se o senhor quiser fazer-me um favor, se lhe parecer bem, o meu pedido é que me conceda a vida, e o meu desejo é a vida do meu povo" (Ester 5,1-2; 7,2-3).

Meditação

Ester, a exemplo de Maria, a Mãe de Jesus, representa as mães que assumem as dores de seus filhos. Esse gesto encontrado nesta leitura estampa a imagem de Nossa Senhora, a Mãe intercessora. Neste trecho do livro de Ester, ela intercede pelo seu povo que corre risco de vida. Eles poderiam ser exterminados a qualquer momento. Ester, mesmo estando no palácio real, não esquece o seu povo. Ela continua sendo um deles, e a dor deste povo é também a sua dor. Ela age como uma mãe que vê seus filhos correndo perigo. Arrisca a própria vida para que sobrevivam. Ester ousa aproximar-se do rei.

Naquele tempo, na Pérsia, quem se aproximasse do rei sem ser chamado, poderia ser executado, mesmo que fosse a sua esposa. Ester não foi chamada, mas a compaixão pelo seu povo a fez se aproximar do rei e pedir que poupasse a sua vida e a de seu povo. O rei se encanta com a beleza de Ester, como diz o Salmo 44/45. Esse encantamento foi à mão de Deus estendida a Ester, simbolizada no cetro que o rei lhe estendeu. Encantado, o rei lhe promete dar o que ela pedir. Até a metade do seu reino, se assim for do seu agrado. Mas Ester não quer bens materiais. Ela quer a vida. É a mãe defensora da vida, característica que se destaca na figura de Nossa Senhora. Assim, ela pede ao rei: "Se ganhei as tuas boas graças, ó rei, e se for do teu agrado, conce-de-me a vida – eis o meu pedido! – e a vida do meu povo – eis o meu desejo!".

É um pedido feito na humildade, porém, possuidor de uma grandeza descomunal. Ao poupar a sua vida, o rei pouparia também a vida do seu povo. Ester arrisca a sua vida pela de seu povo. Não há sinal de amor maior que esse, como diz Jesus: "Ninguém tem maior amor do que aquele que dá a vida por seus amigos". Ester está disposta a tudo para que seu povo tenha vida e a tenha em plenitude, e ela fez o que estava a seu alcance: intercedeu pelo seu povo. Se não tivesse amor no coração, ela se acomodaria no luxo do palácio e deixaria que seu povo fosse dizimado. Mas teve uma nobre atitude e, por essa razão, este texto a equipara com a Mãe de Jesus.

Oração contemplativa

Ó Deus todo-poderoso, por intercessão de Nossa Senhora, Mãe de vosso Filho Jesus e nossa Mãe, concedei-nos sempre a coragem missionária de arriscar nossa vida em defesa da vida de nossos irmãos. Que nunca o egoísmo ou individualismo se apodere de nosso coração, mas que estejamos sempre prontos a ajudar a quem precisa, sobretudo nas situações em que a vida corre perigo. Por Cristo, Senhor nosso. Amém.

Gesto concreto

Se tiver oportunidade, busque interceder por alguém que esteja precisando, seja junto a outras pessoas, instituições ou empresas que podem ajudar, seja através de orações, ou até de ambas as maneiras.

23 Maria com vestes de rainha

Filhas de reis saem ao seu encontro. De pé, à sua direita, está a rainha, ornada com ouro de Ofir. Ouça, filha, veja e incline o seu ouvido: esqueça o seu povo e a casa de seu pai, pois o rei se apaixonou por sua beleza. Prostre-se na frente dele, pois é o seu senhor! A cidade de Tiro vem com seus presentes, os povos mais ricos buscam o favor dele. Entra agora a princesa, belíssima, vestida com pérolas e brocados. Eles a levam perante o rei, com séquito de virgens, e suas companheiras a seguem. Com júbilo e alegria a conduzem, e elas entram no palácio real (Salmo 45,10-16).

Meditação

Maria, na devoção popular, e na liturgia, é revestida e ornada com coroa de ouro e vestes esplendorosas, num reconhecimento de sua realeza, devido ao fato de ela ser Mãe de Jesus, Cristo Rei do Universo. Nada mais justo e coerente, embora ela tenha sido humilde durante toda a sua vida. Conferir-lhe o título de rainha equivale ao título de rei concedido a Jesus, que foi sempre humilde e que nos ensinou a sê-lo também. Porém, como a realeza de Jesus, a de Maria é diferente das outras realezas deste mundo. Seus adornos são acréscimos humanos, uma forma de homenageá-la.

O Salmo supracitado revela bem esse gesto, quando mostra as filhas de rei que saem a seu encontro. Maria não era filha de rei, mas participou da realeza de Deus quando se dispôs a ir a seu encontro, aceitando ser a Mãe do Salvador. Hoje podemos enxergá-la à direita de Deus, ornada com o que de mais precioso possa existir, que é o reconhecimento de Deus. A beleza de Maria, da qual Deus se enamorou, é a de ter um coração puro, joia rara e de incomensurável valor. Maria adentrou ao palácio real porque soube ser fiel a Deus. Assim, ela nos ensina o amor, a humildade, a justiça e a fidelidade a Deus, critério para adentrar no seu Reino. Aprendamos com ela e, assim, participaremos do seu reinado.

Oração contemplativa

Senhor, concedei-nos a graça de obter as vossas graças. Que, a exemplo de Maria, e de tantas outras mulheres da Bíblia, que na humildade e na simplicidade de coração foi elevada à condição de rainha, porque soube fazer as vossas vontades, Rei do universo e Senhor dos séculos, sejamos também nós contados entre os vossos eleitos. Que cada gesto nosso seja movido pelo amor e em prol da vossa vontade, e assim seremos conduzidos ao vosso reino. Por Cristo, nosso Senhor. Amém.

Gesto concreto

Convide algumas pessoas a rezarem, juntas, a "coroa das sete dores de Nossa Senhora", ou o terço, dando destaque à oração da Salve-Rainha. Peça que cada participante da oração traga um quilo de alimento não perecível para doar a uma família carente, ou a alguma instituição de caridade.

24 Maria, esposa e mãe virtuosa

Feliz o marido que tem mulher virtuosa; a duração de sua vida será o dobro. Mulher habilidosa é alegria para o marido, que viverá em paz por toda a vida. Uma boa mulher é uma sorte grande, que será dada aos que temem ao Senhor. Rico ou pobre, estará contente e terá sempre rosto alegre. Mulher graciosa alegra o marido, e com seu saber o fortalece. Mulher discreta é dom do Senhor, e mulher bem-educada não tem preço. Mulher modesta duplica seu encanto, e não há valor que pague a mulher casta (Eclesiástico 26,1-4.13-15).

Meditação

O livro do Eclesiástico, neste trecho supracitado, tece largos elogios às qualidades da mulher na família, o que nos faz lembrar Maria, esposa e mãe virtuosa, modelo de mulher que tanto agradou a Deus. As virtudes de Maria são destacadas na sua fidelidade a Deus, guardando no coração os acontecimentos, sobretudo aquilo que fugia a sua compreensão. No lar, esposa fiel a José, soube agradá-lo, por amor a Deus. Como mãe, demonstrou preocupação com a educação do filho Jesus, embora sentisse no coração que não precisava se preocupar, pois ele estava nas mãos de Deus.

Assim, o texto citado, ao elogiar a felicidade do marido em ter uma mulher virtuosa, não poderia deixar de equipará-la a Nossa Senhora, que melhor do que qualquer mulher teve suas virtudes eternizadas por ser a Mãe do Salvador. Que seu exemplo, e o exemplo das mulheres virtuosas das Sagradas Escrituras, inspire as mulheres de todos os tempos a terem virtudes que não agradem apenas o esposo, mas, sobretudo, a Deus.

Oração contemplativa

Senhor, fazei de nosso lar um ninho do vosso amor. Que não haja amargura, porque vós nos abençoais. Que não haja egoísmo, porque vós nos animais. Que não haja rancor, porque vós nos perdoais. Que não haja abandono, porque vós estais conosco. Que saibamos caminhar para vós em nossa rotina diária. Que cada manhã seja o início de mais um dia de entrega e sacrifício. Que cada noite nos encontre ainda mais unidos no amor. Fazei, Senhor, da nossa vida, que quisestes unir, uma página cheia de vós. Fazei, Senhor, dos nossos filhos o que vós ansiais.

Ajudai-nos a educá-los e orientá-los pelos vossos caminhos. Que nos esforcemos no consolo mútuo. Que façamos do amor um motivo para amar-vos mais. Que possamos dar o melhor de nós mesmos para sermos felizes no lar. Que, ao amanhecer do grande dia em que iremos ao vosso encontro, nos concedais estarmos unidos para sempre a vós. Amém.

Gesto concreto

Procure exercitar algumas de suas virtudes, colocando-as em prática com mais ênfase, mesmo que elas não sejam percebidas ou reconhecidas pelos que convivem com você.

25 Maria, mãe que consola os filhos

Como a mãe consola o seu filho, assim eu vou consolar vocês; em Jerusalém, vocês serão consolados. Ao verem isso, vocês ficarão de coração alegre, e seus ossos florescerão como um campo. A mão de Javé se manifestará para os seus servos, mas se indignará contra seus inimigos. Porque Javé vem com fogo, e seus carros parecem furacão, para desabafar sua ira com ardor e sua ameaça com chamas de fogo (Isaías 66,13-15).

Meditação

Este trecho do livro do profeta Isaías apresenta Deus com rosto materno, e o rosto materno de Deus se revela na figura de Maria, a Mãe de Jesus. É esse Deus Pai que consola seus filhos como Mãe. Esse consolo se dá assim na terra como no céu, na Jerusalém celeste que reflete aqui neste mundo, através da imagem da cidade santa que será recuperada na sua dignidade de cidade sagrada. Filhos que sofrem as consequências de uma cidade que foi violentada e destruída agora recebem do profeta a esperança que vem de Deus.

Assim, essa leitura também nos consola e nos enche de esperança diante de um mundo dilacerado pelas injustiças e tantas outras coisas que desagradam a Deus. Ao ouvir algo desta natureza, vindo de Deus, nosso coração recobra suas esperanças. Todos os que perderam, ou estão perdendo a esperança de um mundo melhor, ao lerem um texto como este serão consolados. Esse Deus Pai, com características de Mãe, nos dá o conforto necessário para seguirmos adiante na missão. Não tenhamos medo. Sintamos como se estivéssemos nos braços de uma mãe que acalenta e protege seus filhos. É essa segurança que nos passa o profeta Isaías nesta leitura que acabamos de fazer.

Oração contemplativa

Ó clemente, ó piedosa, ó doce sempre Virgem Maria, Senhora da Esperança, vós sois a nossa advogada perante Deus. Na nossa fraqueza e no nosso desânimo, apelamos para os tesouros de vossa misericórdia e bondade. A vós recorremos cheios de esperança, gemendo e chorando nesse vale de lágrimas. Abençoai nossas famílias, protegei nossos jovens, adultos e crianças. Amparai a nossa pátria. Dai-nos saúde de corpo e alma e alcançai-nos a graça de que tanto necessitamos. Aumentai a nossa fé, esperança e caridade, para sermos dignos das promessas de Cristo. Nossa Senhora, rogai por nós. Amém.

Gesto concreto

Console alguém que passa por momentos de desespero, falta de esperança ou dificuldade. Coloque-se ao lado dessa pessoa para ajudá-la de alguma forma.

26 Maria, mãe que não se esquece de seus filhos

Mas pode a mãe se esquecer do seu nenê, pode ela deixar de ter amor pelo filho de suas entranhas? Ainda que ela se esqueça, eu não me esquecerei de você. Veja! Eu tatuei você na palma da minha mão; suas muralhas estão sempre diante de mim. Aqueles que vão reconstruir você apertam o passo; os que a derrubaram e destruíram já se foram embora. Lance um olhar ao redor e veja: todos se reúnem para vir até você. Juro por minha vida – oráculo de Javé –: todos eles serão para você como veste preciosa, como cinto de noiva (Isaías 49,15-18).

Meditação

A imagem da mãe está sempre presente nas Sagradas Escrituras e não dá para nos esquecermos disso. Quem é que se esquece da mãe? A imagem daquela que nos gerou está sempre presente na nossa vida. Se um filho dificilmente se esquece da mãe, uma mãe jamais se esquece de seus filhos. E mesmo que isso venha a acontecer, Deus jamais se esquece de nós, por mais que nos distanciemos dele.

Assim, com essa imagem materna, o profeta Isaías mais uma vez nos consola e nos conforta. Estamos como que tatuados em Deus, diz o profeta. Se deixamos na nossa mãe as marcas indeléveis de nossa existência, em Deus essas marcas são eternas e visíveis. Mesmo que soframos neste mundo duras penas, Deus não nos desampara. Toda mãe sente as dores de seus filhos e busca de alguma forma dirimi-las. Se ela, sendo humana e limitada, se compadece, quanto mais Deus, que é infinitamente amoroso; ele nos dará o amparo e conforto necessário. Sintamos o amor de Deus como sentimos o amor de mãe, porque o amor de mãe é o que mais se aproxima do amor de Deus, embora este seja infinitamente maior.

Oração contemplativa

Pai, vós, sendo Deus, quisestes mostrar entre nós vossa face materna. Por isso, criastes todas as mães. Peçamo-vos pelas mães, vivas e falecidas, sinal concreto e visível de vosso amor entre nós. Às que estão neste mundo, multiplicai os seus dias. Acompanhai-as em todo riso e em toda lágrima, todo trabalho e toda prece, todo dia e toda noite. Às que já estão junto de vós, concedei-lhes o descanso eterno. Que vossa bênção cubra de luz a vida de nossas mães, aqui e na eternidade, para que, inundadas de vós, elas sejam sempre mais vosso reflexo. Amém!

Gesto concreto

Se sua mãe ainda é viva, faça algo de concreto para ela: diga que a ama, ofereça-lhe flores e seu amor, convide-a para jantar fora, demonstre o quanto você a ama. Caso ela já tenha partido deste mundo, mande celebrar uma missa na intenção de sua alma.

27 Maria, mãe que ensina a dar a luz

"Quando a mulher está para dar à luz, sente angústia, porque chegou a sua hora. Mas quando a criança nasce, ela nem se lembra mais da aflição, porque fica alegre por ter posto um homem no mundo. Agora, vocês também estão angustiados. Mas, quando vocês tornarem a me ver, vocês ficarão alegres, e essa alegria ninguém tirará de vocês. Nesse dia, vocês não me farão mais perguntas. Eu garanto a vocês: se vocês pedirem alguma coisa a meu Pai em meu nome, ele a concederá. Até agora vocês não pediram nada em meu nome: peçam e receberão, para que a alegria de vocês seja completa." "Até agora falei para vocês através de comparações. Está chegando a hora em que não falarei mais através de comparações, mas falarei a vocês claramente a respeito do Pai. Nesse dia vocês pedirão em meu nome e não será necessário que eu os recomende ao Pai, pois o próprio Pai ama vocês, porque vocês me amaram e acreditaram que eu saí de junto de Deus" (João 16,21-27).

Meditação

A comparação que Jesus faz neste trecho do Evangelho de São João é fundamental para entendermos quão importante é não se desesperar nos momentos difíceis, quando as dores parecem infindáveis. Ele compara essas situações às dores do parto. Todo parto é doloroso, porém, essa dor é logo esquecida pela alegria de ver uma vida chegando ao mundo. Essa imagem tão significativa é-nos dada através da mãe. Nossa Senhora é Mãe e passou pelas dores de todas as mães, sobretudo a dor de ver seu filho nascer numa estrebaria de animais, o que nos faz lembrar das mães cujos filhos nascem nos lugares mais inusitados. Mais uma vez a figura da mãe aparece alentando-nos a enfrentar as agruras desta vida, sejam elas quais forem. Por isso ela é tão importante. Rezar tendo a Mãe de Deus como referência é algo que nos ajuda a suportar as inúmeras dores que enfrentamos todos os dias.

Este texto não é uma apologia à dor, mas uma maneira de enfrentá-la sem esmorecer, na certeza de que novas alegrias virão. Neste caso, Jesus está se despedindo dos discípulos e eles sofrem com isso; eles sentem as dores da partida, como se fosse um parto. Porém, essa partida é necessária para que se dê a segunda vinda, agora definitiva. Se a primeira vinda já foi motivo de contentamento, a segunda trará uma alegria incomensurável.

Oração contemplativa

Ó Maria Santíssima, vós, por um privilégio especial de Deus, fostes isenta da mancha do pecado original, e devido a este privilégio não sofrestes os incômodos da maternidade, nem ao tempo da gravidez nem no parto; mas compreendeis perfeitamente as angústias e aflições das pobres mães que esperam um filho, especialmente nas incertezas do sucesso ou insucesso do parto.

Olhai para essas mães que na aproximação do parto sofrem angústias e incertezas. Dai-lhes a graça de ter um parto feliz. Fazei que seus filhos nasçam com saúde, fortes e perfeitos. Virgem Mãe do Menino Jesus, fazei com que essas mães se sintam mais calmas e tranquilas ao sentirem a vossa maternal proteção. Nossa Senhora do Bom Parto, rogai pelas mães que recorrem a vós. Amém.

Gesto concreto

Faça uma visita a uma mulher grávida, levando, além de algum presente para o bebê, sua presença amiga e confortante. Procure tranquilizá-la, e, se for o caso, orientá-la a proceder da melhor maneira, sempre confiando em Deus e na proteção de Nossa Senhora do Bom Parto.

28 Maria, modelo para todas as mulheres

As mulheres idosas também devem comportar-se como convém a pessoas sensatas: não sejam caluniadoras, nem escravas de bebida excessiva; pelo contrário, sejam capazes de dar bons conselhos, de modo que as recém-casadas aprendam com elas a amar seus maridos e filhos, a ser ajuizadas, castas, boas donas de casa, submissas a seus esposos, amáveis, a fim de que a Palavra de Deus não seja difamada. Aconselhe igualmente os jovens, para que em tudo tenham bom senso. E você mesmo seja exemplo de boa conduta, sincero e sério em seu ensino, expressando-se numa linguagem digna e irrepreensível, para que o adversário nada tenha a dizer contra nós e fique envergonhado (Tito 2,3-8).

Meditação

Não há nenhuma passagem bíblica que fale de Maria, a Mãe de Jesus, idosa, mas ela não só teve contato como também ajudou mulheres idosas, dentre elas sua prima Isabel, que, segundo as Sagradas Escrituras, era de idade avançada e não tinha gerado filhos, razão de sua exclusão para a região montanhosa, juntamente com o esposo Zacarias.

Porém, não obstante ao fato de a Bíblia omitir a condição idosa de Maria, ela soube, como mulher jovem, ser solidária com as pessoas idosas, e esse gesto é uma lição de vida para todos nós. Assim, a carta de São Paulo a Tito, no texto supracitado, recomenda que as mulheres idosas sejam exemplo, pois, quem tem mais experiência de vida, tem mais a ensinar. Pena que nem todas as pessoas ajam assim, acabando por ter na velhice atitudes que nem sempre são bons exemplos para os jovens. Essa recomendação de Paulo nesta carta é um alerta a todos, sobretudo às mulheres, para que na velhice procurem ser exemplo de uma vida vivida conforme os ensinamentos de Deus. Maria deu o seu exemplo e Isabel seguiu neste mesmo caminho. Temos também o exemplo da profetisa Ana, que no templo acolheu Jesus em seus braços na ocasião da apresentação, e que ensinou Maria a ser forte diante das dores que enfrentaria quando seu Filho fosse sinal de contradição.

Oração contemplativa

Ó Senhor, vós sabeis melhor do que eu que estou envelhecendo a cada dia. Sendo assim, Senhor, livrai-me da tolice de achar que devo dizer algo, em toda e qualquer ocasião. Livrai-me, também, Senhor, deste desejo enorme que tenho de querer pôr em ordem a vida dos outros. Ensinai-me a pensar nas outras pessoas e a ajudá-las, sem jamais me impor sobre elas, mesmo considerando, com modéstia, a sabedoria que acumulei e que penso ser uma lástima não passar adiante. Vós sabeis, Senhor, que desejo preservar alguns amigos e uma boa relação com os filhos, o que só acontece quando não há intromissão na vida deles.

Livrai-me, também, Senhor, da tolice de querer contar tudo com detalhes e minúcias e dar asas à minha imaginação para chegar ao ponto que interessa. Não me permitais falar mal de alguém. Ensinai-me a fazer silêncio sobre minhas dores e doenças. Elas estão aumentando e, com isso, a vontade de descrevê-las vai crescendo a cada ano que passa.

Não ouso pedir o dom de ouvir com alegria a descrição das doenças alheias; seria pedir muito. Mas, ensinai-me, Senhor, a suportar ouvi-las com paciência. Ensinai-me a maravilhosa sabedoria de saber que posso estar errado em algumas ocasiões. Já descobri que pessoas que acertam sempre são maçantes e desagradáveis. Mas, sobretudo, Senhor, nesta prece de envelhecimento, peço-vos: mantende-me o mais amável possível. Amém.

Gesto concreto

Busque conhecer a Pastoral do Idoso, ou alguma outra pastoral ou serviço da sua comunidade paroquial que trabalha com pessoas idosas. Ajude de alguma forma, seja com bens materiais, espirituais, seja com seus serviços.

29 Maria, Deus que olha para todas as Marias

Então a irmã do menino disse à filha do faraó: "A senhora quer que eu vá chamar uma hebreia para criar este menino?". A filha do faraó respondeu: "Pode ir". A menina foi e chamou a mãe da criança. Então a filha do faraó disse para a mulher: "Leve este menino, e o amamente para mim, que eu lhe pagarei". A mulher recebeu o menino e o criou. Quando o menino cresceu, a mulher o entregou à filha do faraó, que o adotou e lhe deu o nome de Moisés, dizendo: "Eu o tirei das águas" (Êxodo 2,7-10).

Meditação

A mão de Deus guia essa mãe, a mulher hebreia, de modo que ela fique junto de seu filho, que mais tarde se tornaria um dos personagens mais importantes da história da Salvação, Moisés. Assim, o texto mostra que os mistérios de Deus são insondáveis e que ele protege a todos, sobretudo as mães, não importando se elas são ricas ou pobres, escravas ou livres, negras ou brancas, enfim, seja qual for sua situação e condição. Se ele, Deus, escolheu uma mulher simples, do povo, para ser a Mãe de seu Filho Jesus, não iria proteger as mães mais desprotegidas? Sem dúvida que sim. Dessa forma, o texto mostra a proteção de Deus e seus desígnios, de modo a endireitar caminhos tortuosos e situações que, sem intervenção divina, poderiam trazer muitos sofrimentos. Deus não descuida de seus filhos e filhas, sobretudo das mães que a ele recorrem.

Oração contemplativa

Bendito sois vós, Senhor, que nos trouxestes para este mundo, por obra e graça da vossa bondade e do vosso amor. Bondade e amor expressos pelo dom da maternidade de nossas mães. É por isso que vos louvamos, Senhor, pela graça e bênção de nossas mães. Deus bondoso, nós vos louvamos por nossas mães. Mães que amam e que sofrem; mães que esperam, que se impacientam, que riem e que choram. Mães que vos agradecem o fruto da vida, e por ele se doam. Deus de infinita bondade, hoje e sempre vos pedimos, abençoai todas as mães do mundo, em todos os lares, em todos os cantos, em todos os chãos. Amém.

Gesto concreto

Visite um orfanato e leve algum tipo de ajuda. Reze pelas pessoas que adotam crianças abandonadas.

30 Maria, exemplo das santas mulheres

Do mesmo modo, vocês, mulheres, submetam-se a seus maridos. Assim, se alguns são rebeldes à Palavra, a conduta de suas mulheres poderá ganhá-los sem palavras, ao notarem o recato cuidadoso da conduta de vocês. Que o enfeite de vocês não seja de coisas exteriores, como penteado, uso de joias de ouro ou roupas finas, mas de qualidades internas, isto é, o enfeite inalterável de caráter suave e sereno. Isso sim é coisa preciosa diante de Deus. De fato, era assim que se enfeitavam as santas mulheres de outrora, que punham sua esperança em Deus, submissas a seus maridos. É o que vemos em Sara: ela foi obediente a Abraão, chamando-o de senhor. Vocês se tornarão filhas de Sara se praticarem o bem e não se deixarem dominar pelo medo (1Pedro 3,1-6).

Meditação

As Sagradas Escrituras trazem o exemplo das santas mulheres, dentre elas, Maria, a Mãe de Jesus, e outras cujo texto supracitado recorda. São mulheres exemplares em todos os tempos porque tiveram suas vidas pautadas nos ensinamentos de Deus e na obediência a ele. Obediência essa que se concretiza dentro dos seus lares, não no sentido pejorativo da submissão e servidão, mas no respeito que vem do amor. Toda mulher que se sente amada pelo seu esposo, o respeita, pois o respeito vem do amor. Assim, Maria respeitou José porque ele foi um esposo e um pai exemplar. Sara respeitou Abraão e formou com ele um casal escolhido por Deus, devido a seu amor e fidelidade a Deus.

Quando somos fiéis a Deus, somos capazes de suportar e superar qualquer obstáculo, inclusive a traição, pois uma família só será sólida se nela existir o amor e o perdão. Sara soube perdoar Abraão, sobretudo quando este teve um filho com a escrava. E Deus a recompensou por isso, concedendo-lhe a graça da maternidade. As mulheres que perdoam são aquelas que percebem com mais facilidade as graças de Deus em sua vida.

O texto citado mostra que a maior beleza de uma mulher consiste nisto: recato, caráter suave e sereno, obediência, amor, perdão. Essas qualidades são mais importantes que enfeites e adornos externos, que acabam com o tempo, pois elas duram para sempre.

Oração contemplativa

Senhor, ajudai as mulheres a serem como Raquel, na arte de amar; como Joquebede, no espírito de sacrifício e renúncia; como Débora, na solidariedade e no estímulo; como Rute, na dedicação e na bondade; como Ana, na fé e na fibra para cumprir o voto; como Micol, na astúcia para usar suas qualidades para o bem e não para o mal; como Abigail, a mensageira da paz; como Ester, desinteressada e altruísta; como Maria, Mãe de Jesus, mulher pura, humilde e obediente a Deus; como Isabel, que sabia regozijar-se com o bem alheio; como Marta, na disposição para o trabalho material; como Maria, no anseio espiritual em aprender com Jesus; como Lídia, abrindo as portas ao que chegassem cansados; como a mulher samaritana, que corre a falar da salvação.

Senhor, se houver, retire de mim: a vontade de olhar para trás, como a mulher de Ló; a preferência por um filho, como Rebeca; o desejo adúltero da mulher de Potifar; a traição de Dalila; a trama macabra de Herodíades. De vós, Senhor, suplicamos: a paz, a bênção e o perdão. Amém.

Gesto concreto

Faça um exercício de conter a língua maldosa, evitando falar mal da vida alheia, criticar, blasfemar, murmurar. Exercite o silêncio e a doçura de coração.

31 Maria, vinha fecunda

Cântico das subidas. Feliz quem teme a Javé e anda em seus caminhos! Você comerá do trabalho de suas próprias mãos, tranquilo e feliz. Sua esposa será como vinha fecunda, na intimidade do seu lar. Seus filhos, rebentos de oliveira, ao redor de sua mesa. Essa é a bênção para o homem que teme a Javé. Que Javé abençoe você desde Sião, e você veja a prosperidade de Jerusalém todos os dias de sua vida. Que você veja os filhos de seus filhos. Paz sobre Israel! (Salmo 128[127]).

Meditação

Encerramos o último dia do mês com uma espécie de bênção dada pelo Salmo 128(127), um dos mais curtos da Bíblia, com apenas seis versículos, mas que tocam em elementos essenciais da família. Esse Salmo abençoa a família, com destaque para a esposa, vinha fecunda. A esposa é a figura central na família, não apenas como esposa, mas como mãe. Na Bíblia, a mulher que gerava muitos filhos era tida como uma mulher abençoada por Deus, pois os filhos eram e são bênçãos de Deus. Assim, antigamente as famílias eram numerosas, compostas de muitos filhos, sinal de família abençoada.

A Igreja ainda hoje vê nos filhos uma bênção, por isso ela defende a família, posicionando-se contra o aborto e contra qualquer forma de controle de natalidade ou procedimento que coloque em risco a família. Assim, uma mulher que gera filhos ainda é uma mulher agraciada por Deus, e esse Salmo vem louvar famílias que aceitam com amor os filhos que Deus lhes concede. Maria teve apenas um filho, Jesus, mas se tornou Mãe da humanidade, porque seu Filho nos tirou da escravidão do pecado e nos fez filhos de Deus. Assim, mesmo gerando apena um filho, Maria tornou-se a Mãe de muitos filhos, incontáveis como as estrelas que há no céu.

O Salmo 128(127) diz que é bem-aventurado, isto é, feliz, quem teme a Deus e anda sempre em seus caminhos. Ou seja, quem obedece a Deus, por amor, esses viverão tranquilos e felizes.

Que Deus abençoe a todos, sobretudo aos que acompanharam este roteiro de oração em todos os dias do mês, seja individualmente, seja em comunidade ou com a família.

Oração contemplativa

Senhor Deus, Pai de todos nós, derramai, pelo vosso Espírito de amor, todas as bênçãos necessárias a nossa família, para que cada um de nós cumpra a sua missão, seguindo o vosso plano de amor para o bem de todos. Senhor, que nossa família, assim abençoada, seja uma verdadeira imagem da vossa Trindade, na unidade, na ação e na vida em comum. Que Jesus, Maria e José iluminem a vida do nosso lar. Amém.

"O Senhor te abençoe e guarde! O Senhor faça brilhar sobre ti a sua face e tenha piedade de ti! O Senhor mostre o seu rosto e te conceda a paz!" (Números 6,24-27).

Gesto concreto

Divulgue este roteiro de orações para que mais pessoas possam fazer um mês sequencial de oração com Maria.

Orações do Cristão

Pelo sinal da Santa Cruz
livrai-nos, Deus, nosso Senhor, dos nossos inimigos.
Em nome do Pai, do Filho e do Espírito Santo.
Amém.

Pai nosso
que estais nos céus, santificado seja o vosso nome,
venha a nós o vosso Reino,
seja feita a vossa vontade, assim na terra como no céu;
o pão nosso de cada dia nos dai hoje,
perdoai-nos as nossas ofensas,
assim como nós perdoamos a quem nos tem ofendido,
e não nos deixeis cair em tentação, mas livrai-nos do mal.
Amém.

Ave, Maria,
cheia de graça, o Senhor é convosco;
bendita sois vós entre as mulheres
e bendito é o fruto do vosso ventre, Jesus.
Santa Maria, Mãe de Deus, rogai por nós pecadores,
agora e na hora de nossa morte.
Amém.

Glória ao Pai

ao Filho e ao Espírito Santo.
Como era no princípio, agora e sempre.
Amém.

Salve, Rainha,

mãe de misericórdia, vida, doçura, esperança nossa, salve!
A vós bradamos os degredados filhos de Eva,
a vós suspiramos, gemendo e chorando neste vale de lágrimas.
Eia, pois, Advogada nossa,
esses vossos olhos misericordiosos a nós volvei,
e depois deste desterro mostrai-nos Jesus,
bendito fruto do vosso ventre,
ó clemente, ó piedosa, ó doce sempre Virgem Maria.
– *Rogai por nós, Santa Mãe de Deus!*
Para que sejamos dignos das promessas de Cristo.

Rainha do céu,

alegrai-vos, aleluia,
pois o Senhor que merecestes
trazer em vosso seio, aleluia,
ressuscitou, como disse, aleluia.
Rogai a Deus por nós, aleluia.
Alegrai-vos e exultai, ó Virgem Maria, aleluia,
porque o Senhor ressuscitou

verdadeiramente, aleluia.

Oremos.

Ó Deus, que na gloriosa ressurreição do nosso Filho,
restituístes a alegria ao mundo inteiro,
pela intercessão da Virgem Maria,
concedei-nos gozar a alegria da vida eterna.
Por Cristo, nosso Senhor. Amém.

Para pedir a proteção da Virgem

À vossa proteção recorremos, Santa Mãe de Deus.
Não desprezeis as nossas súplicas em nossas necessidades,
mas livrai-nos de todos os perigos,
ó Virgem gloriosa e bendita.

Santo Anjo do Senhor,

meu zeloso guardador, já que a ti me confiou a piedade divina,
sempre me rege, guarde, governe e ilumine. Amém.

Pelas almas

Dai-lhes, Senhor, o descanso eterno e a luz perpétua as ilumine.
Descansem em paz. Amém.

Alma de Cristo

Alma de Cristo, santificai-me.
Corpo de Cristo, salvai-me.
Sangue de Cristo, inebriai-me.
Água do lado de Cristo, lavai-me.
Paixão de Cristo, confortai-me.
Ó bom Jesus, ouvi-me.
Dentro das vossas chagas, escondei-me.
Não permitais que eu me separe de vós.
Do inimigo maligno defendei-me.
Na hora da minha morte, chamai-me.
Mandai-me ir para vós,
Para que vos louve com os vossos santos
Pelos séculos dos séculos. Amém.

Angelus

O Anjo do Senhor anunciou a Maria.
– E ela concebeu do Espírito Santo.
Ave, Maria...
Eis aqui a serva do Senhor.
– Faça-se em mim segundo a vossa palavra.
Ave, Maria...
E o verbo se fez homem.
– E habitou entre nós.

Magnificat

O Senhor fez em mim maravilhas. Santo é o seu nome.

Minha alma glorifica o Senhor;
exulta meu espírito em Deus, meu Salvador:
ele voltou os olhos para a humildade de sua serva;
doravante todas as gerações me chamarão bem-aventurada.
O Poderoso fez em mim maravilhas, Santo é seu nome!
Sua misericórdia se estende de geração em geração
sobre aqueles que o temem;
manifestou o poder de seu braço, dispersou os soberbos.
Depôs do trono os poderosos e exaltou os humildes;
saciou de bens os que têm fome
e aos ricos despediu de mãos vazias.
Veio em socorro de Israel, seu servo,
recordando-se de sua misericórdia,
assim como prometera a nossos pais,
a Abraão e a seus filhos, para sempre.

Símbolo dos Apóstolos

Creio em Deus Pai
todo-poderoso, criador do céu e da terra.
E em Jesus Cristo, seu único Filho, nosso Senhor,
que foi concebido pelo poder do Espírito Santo;
nasceu da Virgem Maria;
padeceu sob Pôncio Pilatos,

foi crucificado, morto e sepultado;
desceu à mansão dos mortos;
ressuscitou ao terceiro dia; subiu aos céus,
está sentado à direita de Deus Pai todo-poderoso,
donde há de vir a julgar os vivos e os mortos.
Creio no Espírito Santo, na santa Igreja Católica,
na comunhão dos santos, na remissão dos pecados,
na ressurreição da carne, na vida eterna.
Amém.

Credo Niceno-Constantinopolitano

Creio em um só Deus, Pai todo-poderoso,
criador do céu e da terra, de todas as coisas visíveis e invisíveis.
Creio em um só Senhor, Jesus Cristo,
Filho Unigênito de Deus, nascido do Pai antes de
todos os séculos:
Deus de Deus, luz da luz, Deus verdadeiro de Deus verdadeiro,
gerado, não criado, consubstancial ao Pai.
Por ele todas as coisas foram feitas.
E por nós, homens, e para nossa salvação,
desceu dos céus e se encarnou, pelo Espírito Santo,
no seio da Virgem Maria, e se fez homem.
Também por nós foi crucificado sob Pôncio Pilatos;
padeceu e foi sepultado.
Ressuscitou ao terceiro dia, conforme as Escrituras,
e subiu aos céus, onde está sentado à direita do Pai.

E de novo há de vir, em sua glória,
para julgar os vivos e os mortos;
e o seu Reino não terá fim.
Creio no Espírito Santo, Senhor que dá a vida,
e procede do Pai e do Filho;
e com o Pai e o Filho é adorado e glorificado,
ele que falou pelos profetas.
Creio na Igreja, una, santa, católica e apostólica.
Professo um só batismo para remissão dos pecados.
E espero a ressurreição dos mortos
e a vida do mundo que há de vir.
Amém.

Vinde, Espírito Santo,
enchei os corações de vossos fiéis
e acendei neles o fogo de vosso amor.
Enviai o vosso espírito e tudo será criado.
E renovareis a face da terra.
Oremos.
Deus, que instruístes os corações de vossos fiéis
com a luz do Espírito Santo,
fazei que apreciemos retamente
todas as coisas segundo o mesmo espírito
e gozemos sempre de sua consolação.
Por Cristo, Senhor nosso.
Amém.

Ato de fé

Eu creio firmemente que há um só Deus
em três pessoas realmente distintas,
Pai, Filho e Espírito Santo.
Creio que o Filho de Deus se fez homem,
padeceu e morreu na cruz para nos salvar,
e ao terceiro dia ressuscitou.
Creio em tudo mais que crê e ensina
a Igreja Católica, Apostólica, Romana,
porque Deus, verdade infalível, lho revelou.
Nesta crença quero viver e morrer.

Ato de esperança

Eu espero, meu Deus, com firme confiança,
que, pelos merecimentos de nosso Senhor, Jesus Cristo,
me dareis a salvação eterna
e as graças necessárias para consegui-la,
porque vós, sumamente bom e poderoso,
o havia prometido a quem observar
os mandamentos e o Evangelho de Jesus,
como eu proponho fazer com o vosso auxílio.

Ato de caridade

Eu vos amo, ó meu Deus,
de todo o meu coração e sobre todas as coisas,

23 Maria com vestes de rainha 76
24 Maria, esposa e mãe virtuosa 79
25 Maria, mãe que consola os filhos 82
26 Maria, mãe que não se esquece de seus filhos 84
27 Maria, mãe que ensina a dar a luz 86
28 Maria, modelo para todas as mulheres 89
29 Maria, Deus que olha para todas as Marias 92
30 Maria, exemplo das santas mulheres 94
31 Maria, vinha fecunda 97
Orações do Cristão 101

Sumário

Com Maria seguimos os passos de Jesus..5
1 Maria, sinal de Deus..9
2 Maria, instrumento da luz de Deus 12
3 Maria e o anúncio do anjo..15
4 Maria, portadora de Deus...18
5 Maria profetiza..21
6 Maria dá a luz ao mundo..24
7 Maria medita os fatos em seu coração 27
8 Maria e o maior presente de Deus..30
9 Maria, mulher refugiada..33
10 Maria e a profecia de Simeão 37
11 Maria apresenta Jesus no Templo 40
12 Maria atenta às necessidades...43
13 Maria, mãe de quem vive a Palavra de Deus......................46
14 Maria diante da comunidade que rejeita seu Filho 49
15 Maria no caminho do calvário 52
16 Maria junto à cruz 55
17 Maria recebe o filho morto nos braços 58
18 Maria presente na primeira comunidade cristã.................61
19 Maria, mediadora da nossa filiação divina.........................64
20 Maria redime o pecado de Eva..67
21 Maria, mulher revestida com os sinais de Deus 70
22 Maria, mãe que se compadece de seus filhos....................73

Pai-Nosso – 10 Ave-Marias – Glória

Quarto mistério
Maria Santíssima é elevada aos céus (1Cor 15,50-53):
"Nem todos morreremos, mas todos seremos transformados."
Pai-Nosso – 10 Ave-Marias – Glória

Quinto mistério
Maria Santíssima é coroada no céu como Rainha (Ap 12,1-18):
"Uma mulher vestida com o sol, tendo a lua debaixo dos pés e, sobre a cabeça, uma coroa de doze estrelas."
Pai-Nosso – 10 Ave-Marias – Glória

Agradecimento
Graças vos damos, soberana Rainha, pelos benefícios
que todos os dias recebemos de vossas mãos.
Dignai-vos agora e para sempre tomar-nos
debaixo de vosso poderoso amparo, e para mais vos obrigar,
saudamo-vos com uma Salve-Rainha.
Salve, Rainha, Mãe de misericórdia...

Quarto mistério
Jesus carrega a cruz para o Calvário (Lc 23,26-32):
"Mulheres de Jerusalém, não choreis por mim!
Chorai por vós mesmas e por vossos filhos!"
Pai-Nosso – 10 Ave-Marias – Glória

Quinto mistério
Jesus morre na cruz (Lc 23,33-49):
"Pai, em tuas mãos entrego o meu espírito."
Pai-Nosso – 10 Ave-Marias – Glória

Mistérios gloriosos
(A Glória de Jesus e de Maria – quartas-feiras e domingos)

Primeiro mistério
Jesus ressuscita da morte (Mt 28,1-15):
"Ele não está aqui! Ressuscitou, como havia dito."
Pai-Nosso – 10 Ave-Marias – Glória

Segundo mistério
Jesus sobe aos céus (Lc 24,50-53):
"Enquanto os abençoava,
afastou-se deles e foi elevado ao céu."
Pai-Nosso – 10 Ave-Marias – Glória

Terceiro mistério
O Espírito Santo desce sobre Maria e os Apóstolos (At 2,1-13):
"Então apareceram línguas como de fogo que se repartiram
e pousaram sobre cada um deles."

Quinto mistério
Jesus institui a Eucaristia (Mc 14,22-25):
"Tomai, isto é o meu corpo."
Pai-nosso – 10 Ave-Marias – Glória

MISTÉRIOS DOLOROSOS
(As dores de Jesus e de Maria – terças e sextas-feiras)

Primeiro mistério
Jesus reza no Jardim das Oliveiras (Lc 22,39-46):
"Pai, se quiseres, afasta de mim este cálice;
contudo, não seja feita a minha vontade, mas a tua!"
Pai-Nosso – 10 Ave-Marias – Glória

Segundo mistério
Jesus é flagelado (Mc 15,1-15):
"Pilatos mandou açoitar Jesus
e entregou-o para ser crucificado."
Pai-Nosso – 10 Ave-Marias – Glória

Terceiro mistério
Jesus é coroado de espinhos (Mt 27,27-31):
"Trançaram uma coroa de espinhos,
puseram-na em sua cabeça."
Pai-Nosso – 10 Ave-Marias – Glória

Mistérios luminosos
(A revelação do Reino de Deus personificado em Jesus – quintas-feiras)

Primeiro mistério
Jesus é batizado no rio Jordão (Mc 1,9-11):
"Tu és o meu Filho amado, em ti está meu pleno agrado."
Pai-Nosso – 10 Ave-Marias – Glória

Segundo mistério
Jesus realiza seu primeiro milagre, transformando água em vinho nas bodas de Caná (Jo 2,1-12):
"Fazei tudo o que ele vos disser."
Pai-Nosso – 10 Ave-Marias – Glória

Terceiro mistério
Jesus anuncia a Boa-Nova de Deus e convida à conversão (Mc 1,14-15):
"Convertei-vos e crede na Boa-Nova."
Pai-Nosso – 10 Ave-Marias – Glória

Quarto mistério
Jesus é transfigurado diante dos discípulos (Mt 17,1-13):
"Seu rosto brilhou como o sol e suas roupas ficaram brancas como a luz."
Pai-Nosso – 10 Ave-Marias – Glória

Segundo mistério
Maria Santíssima visita sua prima Isabel (Lc 1,39-56):
"Bendita és tu entre as mulheres e bendito é o
fruto do teu ventre!"
Pai-Nosso – 10 Ave-Marias – Glória

Terceiro mistério
Jesus nasce em uma gruta, em Belém (Lc 2,1-20): "Ela deu à luz o seu filho primogênito, envolveu-o em faixas e deitou-o numa manjedoura, porque não havia lugar para eles na hospedaria."
Pai-Nosso – 10 Ave-Marias – Glória

Quarto mistério
Jesus é apresentado no Templo (Lc 2,22-38): "Levaram o menino a Jerusalém para apresentá-lo ao Senhor."
Pai-Nosso – 10 Ave-Marias – Glória

Quinto mistério
Jesus é encontrado no Templo entre os doutores (Lc 2,41-50): "Por que me procuráveis? Não sabíeis que eu devo estar naquilo que é de meu Pai?"
Pai-nosso – 10 Ave-Marias – Glória

Santo rosário
Oferecimento
Em nome do Pai, do Filho e do Espírito Santo. Amém.
Divino Jesus, eu vos ofereço este rosário que vou rezar,
contemplando os mistérios de vossa redenção.
Concedei-me, pela intercessão de Maria,
vossa Mãe Santíssima, a quem me dirijo,
as virtudes que me são necessárias para bem rezá-lo
e a graça de alcançar as indulgências desta santa devoção.
Creio em Deus Pai, todo-poderoso...
Pai nosso que estais nos céus...
Ave, Maria, cheia de graça... (3x)
Glória ao Pai, ao Filho...

OS MISTÉRIOS
MISTÉRIOS GOZOSOS
(As alegrias de Maria Santíssima – segundas-feiras e sábados)

Primeiro mistério
Maria Santíssima recebe, pelo Anjo Gabriel,
o anúncio de sua divina maternidade (Lc 1,26-38):
"Conceberás e darás à luz um filho,
e lhe porás o nome de Jesus."
Pai-Nosso – 10 Ave-Marias – Glória

Oração a Nossa Senhora Aparecida

Ó incomparável Senhora da Conceição Aparecida,
Mãe de Deus, Rainha dos anjos, Advogada dos pecadores,
refúgio e consolação dos aflitos e atribulados,
Virgem Santíssima, cheia de poder e de bondade,
lançai sobre nós um olhar favorável,
para que sejamos socorridos por vós
em todas as necessidades em que nos achamos.
Lembrai-vos, ó clementíssima Mãe Aparecida,
que nunca se ouviu dizer que algum daqueles
que têm recorrido a vós,
invocado vosso santíssimo nome
e implorado vossa singular proteção,
fosse por vós abandonado.
Animados com esta confiança, a vós recorremos;
tomando-vos de hoje para sempre por nossa mãe,
nossa protetora, consolação e guia,
esperança e luz na hora da morte.
Livrai-nos de tudo o que possa ofender-vos
e a vosso santíssimo Filho, nosso Senhor Jesus Cristo.
Preservai-nos de todos os perigos da alma e do corpo;
dirigi-nos em todos os negócios espirituais e temporais.
Livrai-nos da tentação e de todos os males que nos ameaçam,
para que, trilhando o caminho da virtude, possamos um dia
ver-vos e amar-vos na eterna glória, por todos os séculos.
Amém.

o Reino de Deus e a sua justiça.
Santo Apóstolo, iluminai-nos, confortai-nos e abençoai-nos.
Amém.

Oração da comunidade
Senhor, tu nos chamas a viver em comunhão,
a viver em comunidade.
Respondemos a esse convite, esforçando-nos para transformar
a tua Palavra em nossa vida!
Queremos ser profetas da verdade e do amor.
Senhor, ajuda-nos a assumir o compromisso para
com a fraternidade,
a construir nossa comunidade sobre os alicerces do amor
e do perdão.
Que nossos limites, erros e pecados sejam oferenda para
o sacrifício.
Que cada um de nós sinta as necessidades
e aspirações dos outros como sendo próprias
e que nossas diferenças nos ajudem a descobrir a riqueza
da diversidade.
Que nossa comunidade seja aberta e sensível
às necessidades do mundo, da Igreja e dos mais pobres.
Senhor, ajuda-nos a construir uma comunidade
que seja um sinal da tua presença no mundo
e na qual a Páscoa seja uma festa cotidiana.
Amém.

porque alcançarão misericórdia.
Bem-aventurados os puros de coração,
porque verão a Deus.
Bem-aventurados os pacificadores,
porque serão chamados filhos de Deus.
Bem-aventurados os que sofrem perseguição,
porque deles é o reino dos céus.
Bem-aventurados sereis quando vos insultarem, vos perseguirem
e, mentindo, disserem toda a espécie de calúnias contra vós.
Alegrai-vos e exultai, porque será grande
a vossa recompensa nos céus.

São Paulo,
mestre dos gentios, lançai um olhar de amor
sobre o Brasil e a todos que aqui vivem.
O vosso coração dilatou-se para acolher
e abençoar a todos os povos no suave abraço da paz.
E agora, do alto do céu, que a caridade de Cristo
vos leve a iluminar a todos com a luz do Evangelho
e a estabelecer no mundo o reino do amor.
Suscitai vocações, confortai os operários da Palavra de Deus,
tornai os corações dóceis ao Divino Mestre.
Que este grande povo, encontrando cada vez mais
em Cristo o Caminho, a Verdade e a Vida,
resplandeça ante o mundo e procure sempre

porque sois infinitamente amável e bom,
e antes quero perder tudo do que vos ofender.
Por amor de vós, amo ao meu próximo como a mim mesmo
e perdoo as ofensas recebidas.
Senhor, fazei que eu vos ame sempre mais!

Ato de contrição

Senhor, eu me arrependo sinceramente
de todo mal que pratiquei e do bem que deixei de fazer.
Pecando, eu vos ofendi, meu Deus e sumo bem,
digno de ser amado sobre todas as coisas.
Prometo firmemente, ajudado com a vossa graça,
fazer penitência e fugir às ocasiões de pecar.
Amém.

Bem-aventuranças

Bem-aventurados os pobres em espírito,
porque deles é o Reino dos céus.
Bem-aventurados os que choram,
porque serão consolados.
Bem-aventurados os mansos,
porque possuirão a terra.
Bem-aventurados os que têm fome e sede de justiça,
porque serão saciados.
Bem-aventurados os misericordiosos,